オールカラー

1日1ペ　ジ
3
世界一周

井田仁康監修

成美堂出版

スバールバル諸島
北極海
グリーンランド
アイスランド
スウェーデン
フィンランド
ノルウェー
拡大図参照
ロシア
ウクライナ
カザフスタン
モンゴル
アゼルバイジャン
黒海
ジョージア
カスピ海
ウズベキスタン
キルギス
アルメニア
トルコ
トルクメニスタン
タジキスタン
北朝鮮
日本海
キプロス
シリア
中国
韓国
チュニジア
地中海
レバノン
イスラエル
イラク
イラン
アフガニスタン
モロッコ
ヨルダン
パレスチナ
クウェート
ブータン
アルジェリア
リビア
バーレーン
パキスタン
ネパール
西サハラ
エジプト
カタール
UAE
インド
台湾
紅海
サウジアラビア
香港
マカオ
ミャンマー
ラオス
モーリタニア
マリ
ニジェール
オマーン
カーボベルデ
セネガル
チャド
スーダン
エリトリア
イエメン
バングラデシュ
タイ
ベトナム
フィリピン
ガンビア
ブルキナファソ
アラビア海
ギニアビサウ
ギニア
ジブチ
シエラレオネ
ナイジェリア
エチオピア
ブルネイ
ガーナ
中央アフリカ
南スーダン
ソマリア
スリランカ
マレーシア
カンボジア
リベリア
トーゴ
ベナン
カメルーン
パラオ
シンガポール
コートジボワール
赤道ギニア
ウガンダ
モルディブ
サントメ・プリンシペ
ガボン
ルワンダ
ケニア
コンゴ
民主共和国
ブルンジ
コンゴ
インドネシア
タンザニア
セーシェル
東ティモール
コモロ
アンゴラ
ザンビア
マヨット島
インド洋
マラウイ
モーリシャス
ジンバブエ
マダガスカル
ナミビア
ボツワナ
モザンビーク
レユニオン
オーストラ
レソト
エスワティニ
南アフリカ
拡大
ノルウェー
エストニア
スウェーデン
ラトビア
北海
デンマーク
バルト海
リトアニア
ロシア
イギリス
アイルランド
ベラルーシ
オランダ
ポーランド
ドイツ
ベルギー
チェコ
ウクライナ
リヒテンシュタイン
スロバキア
ルクセンブルク
モルドバ
オーストリア
大西洋
ハンガリー
スイス
フランス
スロベニア
ルーマニア
サンマリノ
セルビア
クロアチア
モナコ
イタリア
コソボ
ブルガリア
北マケドニア
アンドラ
バチカン
アルバニア
ポルトガル
スペイン
ボスニア・
ヘルツェゴビナ
ギリシャ
地中海
モンテネグロ
エーゲ海
ジブラルタル
マルタ共和国
南極

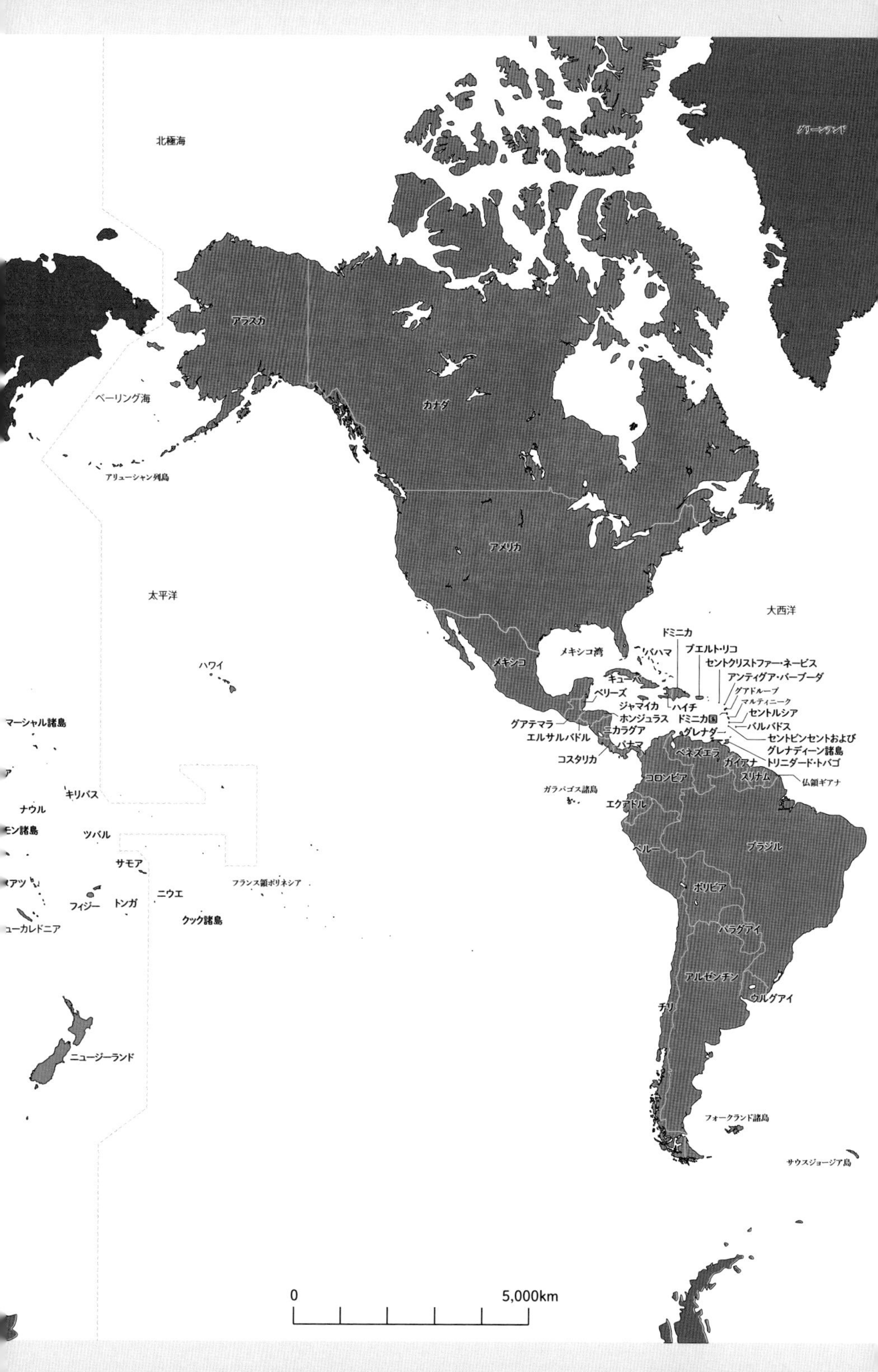

北極海
グリーンランド
アラスカ
ベーリング海
アリューシャン列島
カナダ
アメリカ
太平洋
大西洋
ハワイ
メキシコ湾
メキシコ
ドミニカ
バハマ
プエルト・リコ
セントクリストファー・ネービス
キューバ
アンティグア・バーブーダ
グアドループ
ベリーズ
マルティニーク
ジャマイカ
ハイチ
セントルシア
ホンジュラス
ドミニカ国
バルバドス
グアテマラ
ニカラグア
グレナダ
セントビンセントおよび
グレナディーン諸島
エルサルバドル
パナマ
ベネズエラ
コスタリカ
ガイアナ
トリニダード・トバゴ
スリナム
仏領ギアナ
コロンビア
ガラパゴス諸島
エクアドル
マーシャル諸島
キリバス
ナウル
ツバル
ブラジル
ペルー
サモア
ボリビア
フランス領ポリネシア
ニウエ
フィジー
トンガ
クック諸島
パラグアイ
アルゼンチン
ウルグアイ
チリ
ニュージーランド
フォークランド諸島
サウスジョージア島
0
5,000km

はじめに――

世界は多様性に富んでいます。多様性とは、自然も文化も人も指します。世界に国はおよそ200あります。気候的には－90℃になる場所もあれば、50℃以上になる灼熱の場所もあります。そして、人はそれぞれ暮らしの中で文化を創造し、子孫が生活し続けていける持続可能な世界を築こうとしてきました。一方では、自分および自分たちの集団を維持し続けようとするあまりに、自然環境のバランスを崩したり、他の文化を破壊したり、結果的に世界・地球の持続可能性の障害となることもあります。その反省をふまえ、世界・地球の持続可能性に向けて、グローバルな観点から、全ての人がしっかりと考え、実行しようという提唱がなされました。それがSDGs（持続可能な開発目標）です。SDGsは、グローバルな観点で全ての人々が幸福に暮らせるように、世界・地球を持続可能にするための目標です。SDGs達成のためには、世界に関する幅広い知識と課題をふまえていなければなりません。本書は、そうした持続可能な世界・地球を目指すために有用な、世界の地理に関する365のトピックが集められています。

上述のように大上段に構えなくても、ご自身の教養として1日1つのトピックを読むことで、365日、つまり1年で世界一周を楽しむという読み方もしていただけます。世界に関心があっても、なかなか世界の全ての大陸を回ることはできません。本書はそうした世界一周を手軽に楽しむことができます。その地域に合ったテーマを選んで紹介しているので、飽きることなく世界を巡れるのも本書の特徴です。様々な理由で外国に行きたくても行けない際には、プチ世界旅行を本書で楽しんでいただけ、これからどこかへ行くという時にも本書を参考にしていただけるのではないでしょうか。

世界には様々な場所があり、魅力的な自然があったり、思わぬところで日本との関わりがあったり、知らなかった文化に出会えたりします。世界を巡る魅力は、その地域の知見を高め知識を増やすだけでなく、それぞれの地域の自然の美しさに感動し、文化の深さに驚き、人情に触れられることです。そうした世界地理の魅力を本書は伝えようとしています。1日1つのトピックを楽しんでいただき、365日（トピック）の世界一周をどうぞ楽しんでください。

井田仁康（筑波大学教授）

①アジア

② ロシア・コーカサス地方

③ ヨーロッパ

④ アフリカ

⑤ グリーンランド・北極・南極・アラスカ

⑥ 北米・中米・南米

⑦ オセアニア

※本書の内容は、原則として2021年3月時点の情報に基づいています。

アジア

アジア

001日目 韓国

時差ボケなし!? 最も日本に近い外国

「釜山のマチュピチュ」とも言われる「甘川洞文化村」。カラフルでアートな建物が見られる

日本から一番近い国、韓国。東京とソウル、それぞれの首都を結ぶ飛行機の所要時間はわずか約2時間30分で、東京から札幌までの距離とほぼ同じという近さだ。中でも日本で最も韓国に近い場所は、日本海に浮かぶ島、長崎県の対馬。韓国・釜山までの距離はわずか49.5kmで、「国境の島」とも呼ばれている。対馬から最短距離にある九州本土は博多市で、博多港までの航路は約132km。本土よりも韓国からの距離のほうが短い島なのだ。**気象条件が良い日には、海の向こうに釜山の街並みを望むこともできる。**時差もないため、気軽に行ける海外として人気の韓国だが、ここまで近いと隣町に行くような気分になりそうだ。

DATA 正式名称：大韓民国　首都：ソウル　面積：約10万km^2　人口：約5,178万人

002日目

韓国

天気予報ならぬ キムチ予報があるってホント!?

アジア

韓国を代表する伝統料理。祖母、母、娘へと引き継がれていく味

ビビンバやチヂミなど日本でもおなじみの韓国料理だが、食卓に最もよく並ぶ韓国食品といえばキムチだろう。韓国では毎年11～12月にかけて、各家庭でひと冬分のキムチを漬ける「キムジャン」が行われる。そして、この頃になると韓国気象台が、キムチ漬けに適した時期を知らせる「キムジャン前線」を発表するのだ。おいしい**キムチを作るにはほどよく発酵が進む気温が重要で、1日の平均気温が4℃以下、最低気温が0℃以下になる頃が最適**だという。日本人が桜前線で春の訪れを感じるように、韓国の人々はキムジャン前線で冬を感じるとか。核家族化が進み、キムチを漬ける量は年々減っているというが、キムジャンは伝統の味を受け継ぐ大切な行事なのだ。

003日目

韓国

釜山(プサン)、仁川(インチョン)、東大門(トンデムン)……ソウルだけ漢字じゃないの？

ソウルの独立門を示す案内標識

「ハングル」とは韓国語の書き言葉のことで、日本語の平仮名やカタカナにあたるもの。日本の書き言葉に漢字があるように、韓国にも中国から伝わった「漢字語」があり、韓国の地図を見ると、ほとんどの地名が「釜山」「仁川」と漢字で記されている。ところが、首都「ソウル」だけは漢字表記がなく、日本でもカタカナで紹介されている。一体なぜなのか。それは**「ソウル」という言葉が「みやこ」を意味する韓国古来の言葉で、漢字では書き表せない**から。ソウルは古くから重要な土地だったため、固有の言葉が使われたと考えられている。一方で多くの地名が漢字なのは、パッと見て意味がわかりやすいため。「東京」が「東の都」と理解しやすいのと同じことだ。

韓国

バレンタインデー、ホワイトデー、その次はブラックデー？

チャジャンミョンはジャージャー麺のような見た目をしている

韓国には、恋愛に縁がない人を救う記念日がある。その名も「ブラックデー」！ 1990年代前半頃から始まった。バレンタインデー、ホワイトデーに続く4月14日に、恋人のいない人が集まって、黒いソースのかかった韓国風ジャージャー麺「チャジャンミョン」を食べるところからその名がついたのだとか。「黒い服を着てチャジャンミョンを食べ、食後にブラックコーヒーを飲む」と、ブラックにこだわって1日を過ごす人も多いそう。黒じゃん、暗いじゃん、陰気じゃんという声が聞こえてきそうだが、ブラックデーを侮るなかれ。**「黒い服でチャジャンミョン」＝「私はフリーですよ」というアピール**になり、最近ではブラックデーも恋人をつくるチャンスの場に！

005日目 韓国

あぐらや立て膝はOKだけど正座はNG!?

チマチョゴリを着て、伝統的なお辞儀をする女性

韓国では男性があぐら、女性は立て膝が正式な座り方。日本では正座が一般的だが、韓国では正座は罪人の座り方とされていて、許しを請う土下座のような感覚で使われるという。こうした座り方の違いは、韓服や和服を美しく見せるために定着したもの。日本の着物は前側が開くため、裾が乱れないように座るには正座が適している。一方で、**韓国の女性の伝統衣装「チマ」はドレスのようなスカートで、裾がフワッとしているほど美しく見えるため、立て膝が最も映えるのだ。**チマは後方が開く作りで、下には薄いズボンを着用しているため、肌着が見える心配もない。現在は韓服を日常的に着ることはないが、座卓を囲むときはあぐらか立て膝が一般的になっている。

006日目

韓国

誰でも読み書きできて超合理的な文字「ハングル」

アジア

日本では趣味として習う人もいるハングル書道

「ハングル」は韓国語の表音文字で、「大いなる文字」を意味する。その昔、固有の文字を持たなかった韓国では、中国から伝来した漢字が使われていたが、これを理解できるのは高級官吏や学校に通える富裕層だけ。庶民は書くことはおろか読むこともままならなかったという。そこで15世紀半ば、李氏朝鮮王朝第4代国王世宗（セジョン）が、民衆にもわかりやすい独自の文字「ハングル」を作り上げた。一見何かの暗号のようにも見えるハングルだが、**10の母音と19の子音、11の複合母音の組み合わせだけで構成されていて、これらをローマ字のように組み合わせて言葉を表現**するため、簡単に覚えられる。誰にでも読み書きできるため、世界一合理的な文字だといわれる。

007日目

韓国

石を投げれば金さんか李さんに当たる!?

人口の約4割が金さんと李さんという

日本人の名字は約30万種類もあるが、韓国人の名字はわずか286種類。さらに、**人口の約22%が金さん、約15%が李さんで、金さんと李さんだけで人口の約4割を占めている**ため「街中で石を投げると、金さんか李さんに当たる」といわれるほど。5人に1人は金さんのため、誰かを呼ぶときは名字ではなく、下の名前やフルネームで呼びかけるという。韓国人の名前は最も重要な「本貫（一族のルーツを表す地名）」と「姓（父系の血縁を示す名前）」「名（個人名）」からなる。「名」にも世代を判別する文字を入れるなどのルールがある。一見ややこしい名づけだが、名前を見ただけで親戚かどうか、さらに自分より世代が上か下かまで見分けることができるのだ。

北朝鮮

「民主主義人民共和国」は日本由来の国名だった!

北朝鮮・平壌の中央広場

北朝鮮の正式名称は「朝鮮民主主義人民共和国」。「朝鮮」とは「朝が鮮やかで美しい国」という意味で、古代中国人が朝鮮半島の北側一帯をこう称えたことに由来している。一方で「民主主義人民共和国」は、じつは日本由来。「民主主義」は「デモクラシー(democracy)」、「人民」は「ピープル(people)」、「共和国」は「リパブリック(republic)」の日本語訳に際してつくられた。ちなみに、北朝鮮の民主主義は、「民主集中制」のことをいう。これは、朝鮮労働党は指導者(金正恩総書記)の指示に従い、一般人は朝鮮労働党の指示に従うということ。北朝鮮では憲法で「朝鮮労働党の指導者に従う」と決められているのだ。

DATA 正式名称:朝鮮民主主義人民共和国　首都:平壌　面積:12万余㎢　人口:約2,515万5,000人

アジア

北朝鮮

南北軍事境界線は野生生物の楽園だった!

ツキノワグマなどの絶滅危惧種も棲む生き物の「聖域」

南北軍事境界線は、韓国と北朝鮮の境となる地域。1950年から53年まで続いた朝鮮戦争の休戦協定によって設定された境界線だ。長さ249km、幅4kmにわたるこのエリアには、今でも地雷が点在し、塹壕、塀、有刺鉄線、さらには数千もの兵士が周囲を取り囲んで緊張状態が続いている。しかし一方で、**約60年間、人の立ち入りが制限されたため、そこは貴重な野生動物や原生植物の宝庫**となっている。山地や平原、湖、湿地帯を横断するこの土地では、なんと6000種を超える動植物が確認されている。絶滅危惧種のタンチョウヅルやツキノワグマ、シベリアトラなども棲みついているという。戦争が野生生物の楽園を生み出したとはなんとも皮肉な話といえる。

010日目

モンゴル

1km²あたりにわずか1.87人！ 世界一人口密度が低い国

放牧馬を追い込むモンゴルの遊牧民

アジア大陸のほぼ中央に位置するモンゴルは平均高度1580mの高原に広がる内陸国。降雨量が少なく乾燥した大陸性気候で、1月の平均気温は首都ウランバートルで-21.7℃と半端な寒さではない。こうした厳しい環境に加えて、農耕に適した土地は全体のわずか0.77%、草原と牧草地が83%、残り26%が森林で、生産的な活動が難しい国土。そのため、**モンゴルの人口密度の低さは世界一で、1km² あたり 1.87 人**という少なさだ。世界で一番人口密度が高いシンガポールは、1km² あたり8000人ほどなので、その差は約4000倍！　近年は、近代的に発展したウランバートルに人が集まり、人口の約半分が居住する極端な一極集中が問題になっている。

DATA 正式名称：モンゴル国　首都：ウランバートル　面積：156万4,100km²　人口：329万6,866人

011日目

モンゴル

夏は涼しく、冬は暖かい 遊牧民のゲルは万能だった!

木とフェルトでできた移動式住居ゲルの美しい内装

遊牧民が住む移動式の住居「ゲル」は、設置も解体も簡単にできるシンプルな作り。2本の支柱で「トーノ」と呼ばれる丸い窓枠を支え、放射線状に梁を渡し、これに羊毛で作ったフェルトをかぶせればほぼ完成だ。とはいえ、大陸性気候に属しているモンゴル。日中と朝晩の温度差は20～30℃あるうえ、夏は40℃近くまで気温が上がり、冬は-20℃以下になることも珍しくない。このシンプルな作りで大丈夫？ と疑問がわくが、**寒いときはフェルトを二重巻きにするほか、暖房と煮炊きを兼ねたストーブのおかげで一日中暖か。暑いときは、天窓を開けて涼しい風を取り入れる**など、四季を通して快適に過ごせるように工夫されている。これぞ究極のエコ住宅だ。

012日目

モンゴル

大相撲でモンゴル出身力士が活躍しているのはなぜ?

モンゴルの伝統的な格闘技ブフ。モンゴルの国技として大変な人気を得る

横綱まで昇進した朝青龍、白鵬、日馬富士、鶴竜など、日本の大相撲ではモンゴル出身力士が大活躍している。この強さの秘密は、**モンゴルの国技「ブフ」(モンゴル相撲)**にある。ブフはプロ・リーグもあるほどで選手層が厚く、モンゴルから日本の角界に入門する若者は、すでにブフで実績を上げていることが多いのだ。また、「世界開発指標」によれば、2018年時点でのモンゴルの1人あたりの国民総所得は3660ドルで、同時期の日本の約10分の1。所得格差に触発されて、日本で実力を試したいと考えるのはごく自然なことだ。日本の野球選手が米メジャーリーグに抱くアメリカンドリームと同じで、モンゴル人にとって日本の大相撲はジャパニーズドリームなのだ。

013日目

モンゴル

民族衣装「デール」には騎馬民族としての工夫が満載

男性も女性も着用する民族衣装デール。そこには生活の知恵があふれている

モンゴルには、厳しい気象条件や遊牧などの伝統習慣を色濃く反映させた「デール」という民族衣装がある。民族によって呼び方や形に違いがあるものの、一般的には**立ち襟で裾と袖の長い衣服で、右肩と右脇あたりにボタンがあり、体の前で布を合わせて着用**する。夏用と冬用があり、夏は薄い裏地をつけただけだが、冬は内側に子羊の毛皮を縫いつけることで防寒も完璧だ。落馬したときにケガをしないように金具を一切使わず、足を広げやすく馬に跨がりやすい、機密性が高く布団代わりになる、長い裾は風呂敷のように物を包み込んで物を運ぶときに重宝する、長い袖は手綱を握るときの手袋になるなど、騎馬民族ならではの機能も満載。デールは超便利な民族衣装なのだ。

014日目

モンゴル

日照りが続くと洪水になる!? ゴビ砂漠の謎

モンゴル・ゴビ砂漠と複数のゲル

大雨が降ると洪水になるのはわかるが、**日照りが続くと水があふれ出し、周辺一帯を水浸しにしてしまう**場所がある。それが、モンゴルと中国の間に広がるゴビ砂漠だ。原因は、ゴビ砂漠の5000km先、カザフスタン、キルギスから中国にかけての国境地帯にそびえる天山(テンシャン)山脈にある。この山脈は長さ約2000kmにもおよぶ大山脈で、最高峰のポベーダ山は海抜7439mの高さを誇り、標高の高い場所は、夏でも万年雪に覆われている。日照りが続くと、この雪が解け出し、地下水脈をつたってゴビ砂漠のオアシスに向かう。雪解け水といっても、大山脈のものだけにその量は半端ではない。そこで、地下水の出口であるオアシスから水があふれ出し、大洪水となるのだ。

015日目

中国

急速なキャッシュレス化でお年玉もスマホ決済!?

スマホでQRコードを読み取り、電子決済を行う（イメージ図）

中国は世界の中でも「キャッシュレス化」が進んでいる国だといわれる。買い物、鉄道、タクシー、外食、病院などはもちろんのこと、年金の受け取り、お年玉や慶弔金の送付など、**スマホで決済できない支払いはほとんどないといっていいほど**。しかも、都市部だけでなく内陸部の農村まで浸透しているのは、利用方法が簡単だからだ。支払いの際には、QRコードをレジ等に表示させてスマホで読み取ればOK。屋台でさえほとんどの店でスマホ決済できるという。庶民の足である自転車にも応用され、都市部では手軽に利用できる「シェア自転車」も広がっている。長年偽札が横行していた中国では、偽札対策としてもキャッシュレス化が受け入れられ、急速に広がった。

 DATA 正式名称：中華人民共和国　首都：北京　面積：約960万km²　人口：約14億人

中国

国土が広いのに時差がないのはなぜ?

中国は全土で同じ時差なので、日本との時差は中国国内どこからでも約1時間

世界では経度15度ごとに1時間の時差が生じるため、東西に広い国土を持つ国は、国内にも時差が存在する。たとえばロシアには11、アメリカは本土だけで4つの時刻がある。ところが、中国の国内には時差がない。中国国土の経度差は60度以上あるため、単純に考えると4つの時間帯が存在するが、**政府は北京や上海近くを通る東経120度線だけを中国時間の基準としている**。そのため、北京や上海では時刻と生活時間が合っているが、西域ではお昼のニュースを早朝に見る、という事態になっているのだ。これは、中国の人口が東側沿岸部に極端に集中しているためだ。また、西域に住んでいる人々に、発言権の小さい少数民族が多いことも要因の一つだといわれる。

017日目

中国

新疆（シンキョウ）ウイグル自治区とチベット自治区で続く独立運動

新疆ウイグル自治区のカラクリ湖。カラクリ湖への道は、玄奘三蔵をはじめ、古くから多くの人々が行き交う道だ

中国の人口の約90%は漢民族だが、55の少数民族が政府に認定され、自治が認められている。しかし、民族固有の信仰や慣習、言語などが制限されるようになったことから、中国からの独立を求める運動も存在している。その中で特に活発なのが、東トルキスタン独立運動を展開している新疆ウイグル自治区と、チベット独立運動の続くチベット自治区だ。前者はイスラーム、後者はチベット仏教という宗教的背景を持つ。チベット自治区の長であるダライ・ラマ14世は、中国に弾圧されインドに亡命したが、漢民族がチベット族を抑圧している状況を国際社会に訴え、暴力を否定し、チベット問題の平和解決を主張。その姿勢が評価され、1989年にノーベル平和賞を受賞した。

018日目

中国

人口3万人の漁村・深圳(シンセン)がわずか40年で最先端都市に!

中国・深圳市の高層ビル群

広東省南部に位置する深圳市は、かつて人口３万人ほどの小さな漁村だった。しかし、1980年に中国初の経済特区に指定されると労働需要が拡大し、人口が急激に増加。**わずか40年の間に人口は1300万人を超え、今や北京、上海、広州と並ぶ、中国の４大都市として知られている。**1980年代、何もない土地から始まったのは、電子機器の部品作りだった。当初は「世界の工場」と呼ばれるような下請け産業が中心だったが、徐々に自分たちでも設計開発を行うようになると、中小企業が連携して独自の製品を量産する深圳独自のエコシステムが進化。今では**「アジアのシリコンバレー」**と呼ばれるまでに発展し、中国全土から起業家を目指す若者が多く集まっている。

019日目

中国

焼き餃子は中華料理ではなかった!?

日本では焼き餃子が主流だが、
中国では水餃子が好まれる

日本では中華料理の定番となっている焼き餃子だが、じつは本場の中国では一般的な料理ではない。**中国で餃子といえば、北京以北では水餃子が主流**。しかもおかずではなく主食として食べるのが普通で、たとえば日本人が、お寿司をおかずにご飯を食べないのと同じように、餃子をおかずにするのはあり得ないんだとか。また、**南方では、スナック感覚の点心として蒸し餃子が食されている**。日本で餃子が広まったのは戦後、中国の満州から引き揚げた開拓民や兵士が伝えたといわれている。このとき、主食の白米に合うように改良される中で、焼き餃子にたどり着いたという。「所変われば品変わる」で、日本流にアレンジされたのがパリッとジューシーな焼き餃子なのだ。

中国

世界の「工場」から「市場」へ進化を続ける中国

作り手から使う人へ。経済の発展によって生活も豊かに

1980年代以降の中国は、国家的プロジェクトの経済改革として工業に最も力を入れてきた。安い労働賃金と一定の技術力で海外から大量の投資を呼び込み、従来からの鉄鋼や繊維をはじめ、テレビ、パソコン、スマートフォンなどの先端産業分野での生産量も世界一を誇り、「世界の工場」といわれるほどの成長ぶりを見せた。ここ数年は、デジタル経済をめぐる米中ハイテク摩擦も激しくなっている。一方で、製品のほとんどが国外へ輸出されるために世界経済の影響を受けやすいという問題点もあった。そこで中国は、**国内の内需向上のために最低賃金の底上げを実施。金銭的な余裕が生まれた結果、消費行動が増**加し、現在では**「世界の市場」**としても注目されている。

アジア

021日目

中国

世界の豚の３分の１が中国にいる!?

豚肉の消費量が世界の約5割を占めるほど、中国人は豚肉を好んで食べる

国連食糧農業機関（FAO）の2019年の統計によると、**世界では約8億5千万頭の豚が飼育されている**という。そのうちの**約36%、なんと約3億1千万頭が中国で飼われている**。飼育数第2位のアメリカは7870万頭、第3位はブラジルの約4100万頭なので、2位以下を大きく引き離し、ズバ抜けて多いことがわかる。中国の豚飼育数が多い理由は、ズバリ消費量が多いからだ。餃子、豚の角煮、酢豚、回鍋肉、チャーシューなど、中国には豚肉料理の名品がたくさんあるうえ、世界最多の人口14億人の食卓を支えるには、これだけの数が必要だというわけだ。ちなみに、日本は世界第17位、約920万頭で、畜産の盛んな九州で多く飼育されている。

022日目

香港

違いは方言以上!? 中国の標準語と広東語

香港を旅するときは、広東語を覚えておくと便利で、楽しみも増えるだろう

香港では「広東語」が使われている。中国には標準語とされている「普通話」があり、広東語は方言という位置づけだが、日本の標準語と関西弁のような違いではなく、お互いにほとんど会話が通じないレベル。ちなみに、北京周辺の人が話す「北京語」が普通話だと認識されがちだが、厳密にいえば北京語も方言の一つ。イギリス英語とアメリカ英語の発音が全く違うのと同じように、中国語の違いもその差は発音。日本語でも「橋」と「箸」は声のトーンが違うように、**中国語には4つの声調（声のトーン）**があり、さらに**広東語には声調が6つある**のだ。声調が変われば意味が変わる言葉も多いため、中国語の中でも特に広東語は習得が難しいといわれている。

DATA 面積：1,106km² 人口：約752万人

アジア

023日目

香港

まるで空中都市!
街が霧で真っ白になる香港

香港の街は春を迎えると、
霧深い、湿度たっぷりの
日々がやってくる

香港といえば「100万ドルの夜景」が有名だが、じつは霧に包まれた幻想的な風景も香港ならでは。「まるで空の上にいるかのよう」といわれるその風景に出会えるのは、春から夏にかけて。亜熱帯気候に属する香港は、年間平均気温が約23℃で暑い季節が多く、夏の湿度は70～90%、ときには100%になることも。湿度100%といったら雲の中にいるようなものだ。ちなみに日本の同じ時期の湿度は50～70%なので、夏のあのジメジメ感を上回る湿度だということ。気温が下がる朝晩は特に霧が発生しやすく、晴れていても街が真っ白になる。**霧に覆われた風景は幻想的だが、高い湿度のせいでカビが大量発生**し、地元の人たちは除湿対策に苦労しているという。

024日目

香港

揺らぐ香港の自由 一国二制度とは?

九龍半島から眺める香港の風景

香港は1997年にイギリスから中国に返還されたが、50年間は外交と国防を除く政治や経済の仕組みを維持する「高度な自治」を中国政府から保障された。これは企業や市民が逃げ出すのを避けるためだったといわれる。**「特別行政区」として資本主義、独自の通貨、司法の独立、言論の自由などが認められ、一つの国に二つの制度があることから「一国二制度」と呼ばれる。**一方で中国政府は、香港を完全な統治下に置こうとする動きを徐々に強めてきた。2020年には、香港での反体制的な言動を取り締まる「国家安全法制」を導入。中国に批判的な新聞の創業者や民主活動家が香港国家安全維持法違反容疑で逮捕されるなど、緊張感が強まっている。

025日目

マカオ

カジノのおかげで学費も医療費もタダ!!

カジノホテルの前のパフォーマンス・レイクで行われる夜の噴水ショー

日本でも統合型リゾート整備推進法案、通称「カジノ法案」が成立し、話題となっているカジノ。治安悪化なども問題視されているが、世界にはカジノのおかげで市民が豊かに暮らす場所がある。それが、**今やラスベガスをもしのぐ売り上げで、世界一のカジノ都市となったマカオだ。税収の約8割がカジノと観光収入**で、カジノによって財政が潤っているため、社会保障が超充実。たとえば、3～18歳の15年間学費が無料で、児童と高齢者、妊婦は医療費も無料。インフレ対策や富の再分配を理由に、毎年全市民に現金が支給されるほか、65歳以上の高齢者には、敬老金としてさらに上乗せした金額が支払われる。国がお小遣いをくれるとは、カジノの恩恵は半端ない！

 DATA 面積：29.9km² 人口：約58万2,000人

台湾

清水、松山、玉井……日本語の地名が多い理由は?

台湾総統府は、日本統治時代に建てられた建物を使っている

高雄、板橋、関西、竹山など、台湾には日本語と関連する地名が数多く存在している。これは日本統治時にできた地名で、**日本総統府が命名や改称したもののほか、日本統治とともに移り住んだ日本人によって命名された土地もある。**その由来は、日本の地名、日本人の人名、日本式の当て字などさまざまだ。たとえば台北市の松山区は、この地域に広がる丘にきれいな松林があり、その風景が日本の松山に似ていることから名づけられた。また、花蓮市の瑞穂は、もともと水尾という地名だったが、日本国の美称「豊葦原の瑞穂の国」から取って、発音の似た「瑞穂」に改名したという。鉄道の同駅名も多く、清水駅、亀山駅、府中駅など、その数は30以上にものぼる。

DATA 主要都市：台北、台中、高雄　面積：3.6万km²　人口：約2,360万人

台湾

一攫千金も夢じゃない!? レシートは捨てるべからず!

レシートの宝くじが当たっていたら、日本人でも当選金が受け取れるとのこと

台湾に行くとき、ぜひ覚えておきたいのが「レシートを捨てない」ということ。なぜなら、**レシートの裏側に記載された8桁の番号が、宝くじになっている**からだ。最高賞金額は1000万元で、日本円にしてなんと約3500万円！　レシートで大金がゲットできるとは夢のような話だが、じつはこれは台湾政府の脱税対策。店舗が売り上げを隠して脱税しないようにと考えられたのが「お客がレシートを欲しがる仕組みを作ること」、つまり「レシートに宝くじをつけること」だったのだ。効果は抜群で、お客がレシートを要求することで、売り上げがごまかされることなくレジに打ち込まれるようになったという。これぞ台湾ドリーム!?　レシートで一攫千金も夢じゃない！

台湾

世界の電子製品を支える ホンハイが生まれた国

ホンハイはスマホやゲーム機、薄型テレビなどの電子機器を受託生産する世界最大手

2016年4月、台湾企業の鴻海（ホンハイ）精密工業が日本のシャープを買収して話題になった。**ホンハイが提供するのは電子機器受託製造サービス（EMS）**。EMSは「Electronics Manufacturing Service」の略で、自社で生産設備を持たない企業から製造工程を請け負うサービスのこと。ホンハイは、EMSを提供する企業として世界最大の規模を誇り、その顧客として最も有名なのがアップルだ。iPhoneが全世界で高い品質を維持しているのは、ホンハイの部品供給のおかげだともいわれている。ほかにも、ソニーのプレイステーション、任天堂のSwitch、マイクロソフトのXbox、アマゾンのKindleなど、有名な電子製品のほとんどにホンハイの部品が使われている。

029日目

東南アジアの国々

二期作、三期作で米の輸出量は世界有数!

タイ北部にみられる田園風景とバンブーブリッジ(竹橋)

11の国で構成される東南アジアは、そのほとんどが熱帯に属しており、バンコクやマニラなどの都市では、**気温は一年中25℃以上**ある。しかし、一年中夏のような気候が続くとはいえ、夕方、スコールと呼ばれる土砂降りがあると夜は涼しくなる。1年の降水量で見ると、雨が多いのも東南アジアの特徴だ。

こうした地域で栽培されるのが稲だ。東南アジアでは、年中気温が高いことと豊富な降水量を活かして二期作や三期作が行われている。中でも**タイやベトナムは米の輸出量が世界有数で、種類も豊富**。市場では、産地や種類、用途に分けて数十種類の米が売られている。これらの米は、主食として食べるのはもちろん米を材料に使った料理も数多くある。

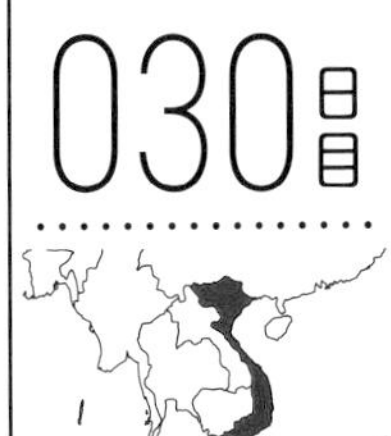

030日目

ベトナム

「マンゴーシャワー」ってどんな雨?

ザーと降ってスカッとやむベトナムのマンゴーシャワー。1日降り続けることはないとのこと

ベトナムは南北に1200kmと長い国土を持つため、ハノイなどの北部は四季のような変化がある温帯気候、ホーチミンなどの南部は年間を通じて夏のような気温の熱帯気候に属している。いずれも、一般的には11月から4月までが乾季で、5月から10月までが雨季になる。雨季の天気予報は毎日雨マークがつくが、日本のような長雨になることは稀で、**突然激しい雨がやってきて、数十分〜1、2時間後に去るといった具合。これが1日1〜3回ほど断続的に繰り返される**のが東南アジアの雨季の特徴だ。この突発的な豪雨のことをスコールといい、ベトナムでは「マンゴーシャワー」と呼ばれている。スコールのあとは風が吹き、過ごしやすい気候になる。

DATA 正式名称：ベトナム社会主義共和国　首都：ハノイ　面積：32万9,241km²　人口：約9,762万人

031日目

ベトナム

コーヒー豆の生産量&輸出量世界No.2！

コーヒーの実を収穫するベトナムの農家

コーヒー豆の生産・輸出量世界一といえば、ブラジル。では第２位は……南米？　と思いきや、正解はベトナムだ。ベトナムの都市部では、フランス領だった影響でカフェ文化が根づき、練乳を加える「ベトナムコーヒー」がよく飲まれているが、農村部ではお茶派の人が多いという。では、なぜ世界第２位なのか？　その理由は、コーヒー豆の種類にある。コーヒー豆は、大きく分けてアラビカ種とロブスタ種の２種類があり、アラビカ種は香りが高くカフェなどで提供される高品質な豆、ロブスタ種は低コストで生産でき、インスタントコーヒーや缶コーヒーで使われている。**ベトナムでは、大量消費されるロブスタ種をおもに生産しているため、生産量も輸出量も高いのだ。**

ベトナム

032日目 トップ3を独占! ベトナムはロープウェイ大国

ベトナム北部のファンシーパン山にあるロープウェイ

ベトナムのビーチリゾート・フーコック島には、ギネス公式記録で世界最長のロープウェイ「ホントム ケーブルカー」がある。**フーコック島とホントム島を結ぶ全長は、なんと約7.8km**。美しい海上を渡るため、ケーブルカーからの眺めは絶景だ。約15分の空中散歩でホントム島に降り立つと、巨大テーマパーク「サンワールド・ホントム・ネイチャーパーク」が広がっている。ちなみに、世界第2位と3位のロープウェイもベトナムにある。2位は北部の街サパにそびえるファンシーパン山のロープウェイで、全長6293 m。第3位は、中部の街ダナンにあるテーマパーク「バナヒルズ」のロープウェイで全長5772 m。ロープウェイを巡るベトナムの旅も面白そうだ。

033日目

タイ

バンコクの正式名称はめちゃくちゃ長かった!

日没後の美しいバンコクの街並み

タイの首都バンコクの正式名称は、じつは呪文のように長い。「**クルンテープ・マハーナコーン・アモーンラッタナコーシン・マヒンタラーユッタヤー・マハーディロック・ポップ・ノッパラット・ラーチャタニーブリーロム・ウドムラーチャニウェートマハーサターン・アモーンピマーン・アワターンサティット・サッカタッティヤウィサヌカムプラシット**」。

「寿限無　寿限無……」を彷彿とさせる長さだが、ここには神の名前や繁栄の祈りなどが並べられ、偉大で平和な都市という意味が込められている。ただし、タイ人でさえ正式名称を覚えている人は少なく、通常は略して「クルンテープ」と呼んでいるという。「バンコク」は愛称で、「水の村」を意味している。

DATA 正式名称：タイ王国　首都：バンコク　面積：51万4,000km²　人口：6,641万人

タイ

地下鉄には「僧侶優先席」がある!?

ラオス北部の街ルアンパバーンで見られる朝の僧侶の托鉢風景

タイは国民の**95%が仏教徒**で、タイの歴史＝仏教の歴史ともいえるほど密接な関係にあるため、僧侶は人々から尊敬を集める存在。鉄道などの公共交通機関、空港の待合エリアなどには「僧侶優先席」が設けられている。日本と同じく、優先席はお年寄り、体の不自由な方、妊婦、小さな子ども連れも対象だが、優先順位の一番目に位置するのが僧侶なのだ。

この優先席は、**僧侶に敬意を払う意味もあるが、最大の目的は女性に触れないようにするため**。タイの僧侶は戒律で女性に触れることが禁止されているので、電車の揺れなどでうっかり女性と接触してしまうことを防いでいる。女性が僧侶の隣に座るのももちろんNGだ。

035日目

アジア

タイ

タイには正月が3回やってくる!?

正月に水をかけあって祝う街の人々

タイにはなんと正月が3回もある。**1回目は1月1日**で、**2回目は旧正月といわれる中国の春節**。これは1月下旬〜2月上旬にかけて行われる。そして**3回目が、タイ独自の正月「ソンクラーン」**で、**4月13日〜15日の3日間**が祝日となる。

「ソンクラーン」は、太陽の軌道が新たにおひつじ座へ移動することを意味し、太陽暦の新年のスタートと考えられている。仏像や年長者などの手に水をかけて清めることで、これまでの過ちを赦してもらう、幸せを願うなどの意味があるという。そのため、この期間は水かけ祭りが行われ、街中が水浸しになるほど豪快に水をかけ合う。4月のタイはすでに暑い時期のため、水をかけ合うことで暑さをしのぐ効果もあるという。

036日目

東南アジアの国々

マングローブ林が消えていく理由とは?

船でマングローブの森をめぐるツアーも行われている

マングローブ林は**川の河口付近の真水と海水が混じり合う場所に形成され、生き物の生息場になるほか、海からの風や波から陸地を守り、陸からの土砂や汚水の流出を防ぐ緩衝場**としての役割を持つ。しかし、東南アジアではマングローブ林が次々と姿を消し、さまざまな問題が起きている。フィリピンやバングラディッシュでは、台風の高波で数万人が家や家畜を失い、ベトナムでは海岸が浸食されて生活排水が海に流れ込んでいる。マングローブ林が減少したおもな要因は、エビ養殖地への転換、長持ちする炭を作るための伐採、そして、人口増加による食糧獲得のための水田への転換だと考えられている。マングローブが消えていく原因は、人々の「食」にあったのだ。

037日目

アジア

カンボジア

世界に称賛された水道改革「プノンペンの奇跡」

首都プノンペンのランドマークであり、フランスからの独立記念碑

経済発展を遂げるASEAN各国にとって深刻なのが環境問題だ。ASEAN各国を旅行するときは水道水を飲んではいけないというのが常識になっている。しかし、カンボジアの**首都プノンペンでは、そのまま飲める水質の水道水が提供**されている。

長い内戦により、カンボジアではライフラインである水道も被害を受けていたが、1993年、この状況を改善しようと日本やフランスなどによるインフラ復興支援が始動。北九州市上下水道局が主力となって整備を進め、2005年には蛇口から直接安全に水を飲める「飲用可能宣言」を行った。この偉業は「プノンペンの奇跡」と称賛され、国連の持続可能な開発目標（SDGs）の公式ウェブサイトでも取り上げられている

DATA 正式名称：カンボジア王国　首都：プノンペン　面積：18.1万km²　人口：1,630万人

038日目

カンボジア

魅力的な観光地は アンコールワットだけではない

1992年12月にユネスコの世界遺産に登録されたアンコールワット

カンボジアは、激しい内戦を経て、2010年代から急激な経済成長を遂げている。カンボジア経済の柱の一つである観光業は、2019年、GDP（国内総生産）の18.7%を占め、1993年以来最多である約660万人の外国人観光客がカンボジアを訪れ、観光収入は50億ドル近くにのぼった。こうした観光業の核となっているのが、アンコール王朝の遺跡で世界遺産に登録されているアンコールワットだ。ところが、19年に同遺跡群を訪れた外国人観光客は約220万人で、18年の250万人より12%も減少している。これは、アンコールワット頼みになっていたカンボジアの**観光地が多様化し、ビーチリゾートのシアヌークビルなど別の観光地へと分散**するためだと見られている。

039日目

カンボジア

1人あたりの米の消費量が世界一多い国

農地の80％が水田。メコン川、トンレサップ湖の周辺など、全国で稲作が行われる

カンボジアは**国土の約3割が農地で、そのうち約8割で稲作**を行っている。米が主食のため、生産量も消費量も多く、米国農務省発表の「Grain：World Markets and Trade」による米の生産量を国際連合「World Population Prospects」の人口で割って算出すると、2019年の1人あたりの米の消費量は、カンボジアが世界第1位だ。

カンボジアでは、おもにインディカ種の香り米ともち米が食べられている。インディカ米は主食として、もち米はデザートとして果物と合わせて食べられたり、ちまきの材料にされたりすることが多い。また、朝食によく食べられているカンボジアの代表的な麺「クイティウ」も米粉で作られている。

040日目

ラオス

人口1人あたり1トン 世界で最も爆撃を受けた国

首都ビエンチャンにある凱旋門「パトゥーサイ」。人気の観光地

ベトナムと長く国境線を共有するラオスは、ベトナム戦争の主戦場の一つとなり、アメリカ軍から約58万回もの空爆を受けた。中立国のラオスがなぜこれほどの爆撃を受けたのか、それは**北ベトナムから南ベトナム解放民族戦線へ、物資や兵器を運んだ「ホーチミンルート」の多くがラオス国内を通っていたからだ**。アメリカ軍は補給路を断つために、ホーチミンルートを空から集中的に爆撃した。落とされた爆弾の量は200万トンを超え、当時の人口で計算すると1人あたり1トンの爆弾が落とされたことになる。ラオスは「人口1人あたり世界で最も爆撃を受けた国」なのだ。投下された爆弾は10～30%が不発弾として国土に残り、今も住民に被害を与えている。

DATA ラオス人民民主共和国　首都：ビエンチャン　面積：24万km²　人口：約701万人

アジア

041日目

ラオス

東南アジア最大の河川 メコン川のダム建設問題

シーパンドンのデット島から眺めるメコン川の夕景

ラオスは中国、ミャンマー、タイ、カンボジア、ベトナムの5カ国と国境を接し、日本の本州ほどの広さを持つ内陸国。国土の北から南まで1900kmあまりを国境線に沿ってメコン川が流れ、ラオスの人々の生活の基盤となっている。農業や漁業などを通じてこの川に生活を依存している人は、流域で約6000万人にのぼるが、近年、**大幅な水位低下によって、住民の漁業や農業、交通に深刻な影響**が出始めている。水位低下の原因といわれているのは、上流域にある中国やラオスが建設したダムの存在だ。特に中国が建設した水力発電用のダムによって、メコン川の流れが大きく変化したと指摘されている。この変化はそこに棲む魚にも影響し、漁獲量が減少しているという。

042日目

アジア

ミャンマー

3回参拝すると金持ちに?落ちそうで落ちない奇妙な岩

チャイティーヨー山の頂上に輝く「ゴールデンロック」

ミャンマーは、国民の90%以上が仏教徒の国。パゴダと呼ばれる仏塔が各地に立ち、パゴダの国とも呼ばれている。そんな中で、ミャンマー人なら一生に一度は訪れたい憧れの聖地といわれているのが、「チャイティーヨー・パゴダ」だ。黄金に輝く通称「ゴールデンロック」は、**標高1101mの山頂に、今にも落ちそうな不安定な状態で鎮座する巨大な岩**。押したり強い風が吹いたりすると揺れるそうだが、決して落ちることがないのは、岩の上の小さな仏塔にブッダの「聖髪」が納められているからだとか。女性はこの岩に近づくことができないが、男性は金箔を貼りつけて祈るのだという。一度訪れると幸福になり、三度訪れると金持ちになれるという言い伝えもある。

DATA 正式名称：ミャンマー連邦共和国　首都：ネーピードー　面積：68万km²　人口：5,141万人

043日目

ミャンマー

ミャンマーの国民食!? 食べるお茶「ラペソー」

ラペソーを使ったミャンマーの伝統的なお菓子「ラペッ・トウッ」

日本では飲むお茶が一般的だが、**ミャンマーには食べるお茶「ラペソー」がある。**「ラペ」はお茶のことで、「ラペソー」とは「湿ったお茶」という意味。これはミャンマーの伝統的な漬物で、ピーナッツや揚げニンニク、干しエビ、ゴマなどと混ぜておやつとして食べたり、ごはんのおかずにしたり、野菜と混ぜてサラダとして食べたりする。誕生祝いや結婚式などの場で、お客様をもてなすためにも振る舞われる。

摘み取った茶葉のうち、硬いものを飲用に、若くて軟らかいものをラペソーにする。ラペソーの葉は、蒸すか、ゆでるか、炒るかして熱を加えた後、よくもんで竹筒やつぼに入れ、重石をして２週間から１年くらい漬け込んで作る。

044日目

ミャンマー

ミャンマーでなじみ深い「タナカ」とは?

アジア

子どもも大人も、タナカの木をすりつぶしたものを乳液のように顔や腕に塗る

ミャンマーでは「タナカ」という言葉を日常的に耳にする。これは日本の「田中さん」のことではなく、ミャンマーの伝統的な化粧品のこと。**ミャンマー語で「タナ（Thana）」は汚れ、「カ（Kha）」は清潔を表し、タナカとは汚れを落とすという意味**になる。タナカはミカン科の樹木で、幹の皮を専用の石盤で摺り、白いペースト状にしたものを刷毛などで顔に塗る。

タナカは、約2千年前からミャンマー女性の間で美容・化粧品として使用されていた。タナカを塗った皮膚はひんやりと冷たく、日焼けや虫刺され防止効果があるといわれている。また、皮脂成分も吸収するとされ、ニキビができたときにタナカを塗ることも多いという。

045日目

マレーシア

中国系が4分の1を占める多民族国家

古くから東西貿易が盛んなマレーシアのマラッカの街と運河

マレーシアは、マレー系、中国系、インド系を中心とした多民族が共に暮らす国。**マレー系が人口の約67%、中国系が約25%、インド系が約7%を占めるほか、カダザン族、バジャウ族、イバン族、オランアスリと呼ばれる先住民族で構成**されている。また、華人系とマレー系の混血（ババ・ニョニャまたはプラナカン）やインド系とマレー系（チッティ）、ヨーロッパ系移民とアジア系（ユーラシアン）など、民族間の混血グループが複数存在し、少数民族集団を形成している。中国系やインド系が多いのは、マレーシアがかつてイギリスの植民地だった頃、錫鉱山やゴム・プランテーションの労働者として多数の中国人やインド人が動員されたことがきっかけだという。

DATA 正式名称：マレーシア　首都：クアラルンプール　面積：約33万km²　人口：約3,200万人

046日目

マレーシア

世界のICT企業が続々進出する理由とは?

サイバージャヤは、クアラルンプール中心部より車で40分、国際空港からは30分ほどの距離

ICT（情報通信技術）を活用したデジタル経済の活性化を図るマレーシア。その礎となるのはマハティール元首相が任期中（1981～2003年）に提唱した「マルチメディア・スーパーコリドー（MSC）構想」だ。これは、シリコンバレーのようなICT産業の集積地をつくるための構想。1996年にはMSCの推進機関として「マルチメディア開発公社（MDeC）」を設立し、1998年にMSCの中核都市としてクアラルンプール郊外に「サイバージャヤ」を開いた。**「サイバージャヤ」は海外のIT関連企業の誘致先で、要件を満たすことで税制面などビジネス上の優遇措置を得ることができる経済特区**。日本企業も進出し、IT産業の土台となるインフラを整備している。

アジア

047日目

マレーシア

ビールがおいしく飲めるピューター製品とは?

マレーシアが誇る「ロイヤルセランゴール」の錫製品づくり

マレーシアの工芸品といえばピューター製品が有名だ。錫を主原料とした合金「ピューター」で作られた製品で、カップやティーポットなどのテーブルウェアから、花瓶や写真立てなどのインテリア雑貨までさまざまなアイテムがあり、土産品としても親しまれている。中でも**人気なのがビアマグ**。**錫は熱伝導率が高いため、冷えたビールを冷たいままキープしてくれる**のだ。マレーシアでは、イギリス統治時代の1848年から錫鉱山の開発が始まり、世界最大の錫生産地として名を馳せた。この頃、中国大陸から多くの労働者がマレーシアに渡ったが、その中の一人ヨン・クーンが、ピューターの老舗有名メーカーとして知られるロイヤル・スランゴール社の創始者となった。

048日目

シンガポール

アジア

「Fine city」は蚊にも厳しい罰金の国だった!

禁止事項を伝える標識。禁止事項をデザインに取り入れたお土産まである

厳しい罰金制度が多いシンガポールは「Fine city」と呼ばれている。Fineには「素晴らしい」のほかに「罰金を科す」という意味もあり、その両方の意味からこういわれているのだ。

たとえば**「植木鉢の受け皿に水を入れたままにしてはいけない」**という罰則。シンガポールではデング熱などの感染症患者が年間数万人にのぼるため、これらを媒介する蚊の発生源を断つために、国の職員が各家庭を訪問し、バケツや植木鉢の受け皿に水をためたまま放置していないかをチェックするのだ。違反すると最大1000ドルの罰金、または3カ月以下の懲役が科せられる。ほかにも、ゴミのポイ捨て、ガムの国内持ち込み、ドリアンの車両持ち込みなども罰金の対象となる。

DATA 正式名称：シンガポール共和国　面積：約720km²　人口：約564万人

049日目

シンガポール

マーライオンは じつはトラだった!?

マリーナベイを臨むウォーターフロントに立つマーライオンの像

シンガポールのシンボルといえば、頭がライオンで下半身が魚のライオン像「マーライオン」。シンガポールを訪れたことのない人も、テレビや雑誌などで一度は見たことがあるだろう。**国名の由来もライオンにあり、サンスクリット語で「シンガ」は「ライオン」、「プーラ（ポール）」は「街」。つまり「ライオンの街」というわけだ。**マーライオンの起源には諸説あるが、有名なのは、スマトラの王子がシンガポールを発見した際にライオンと遭遇したこと、その都市テマセクがジャバ語で「海の街」を表したことから、頭をライオン、体を魚にしたといわれている。しかし今日まで国内でライオンが見つかっていないことから、それはトラだったとも考えられている。

シンガポール

国土を増やすために シンガポールが買ったもの?

マリーナベイにあるシンガポール金融街の超高層ビル群

シンガポールは人口増加、経済発展が著しい一方で、国土が小さいのが悩みの種。そのため、高層マンションを建てると同時に海を埋め立ててきた。シンガポールがマレーシアから独立した1965年から2019年までの面積を比較すると、144.2km²も国土を広げ、独立当初から約1.3倍の広さになっていた。埋め立てといえば、日本ではゴミを利用した東京湾の夢の島が思い浮かぶが、シンガポールではその方法はとらず、**マレーシアやマラッカ海峡を隔てたインドネシアから土を買っている**のだ。シンガポールは山がなく土が少ないため、大量の土を船で運び込み、海を埋め立てる構想だ。水や電力を隣国から買う国はあっても、土を輸入する国は世界的にも珍しいといえるだろう。

アジア

051日目

ブルネイ

世界屈指の豊かな国は国王も太っ腹!

マイケル・ジャクソンの公演も行われたジュルドン・パーク

ボルネオ島北部に位置し、周囲をマレーシアと南シナ海に囲まれたブルネイは、三重県ほどの面積の小さな国だが「世界一豊かな国」といわれている。その理由は、豊富な天然資源にある。石油や天然ガスを世界中に輸出しており、その恩恵は国民にも大いに還元されている。なんとブルネイには税金がなく、さらに公立病院では医療費が無料。国公立の学校に通えば、教育費も一切かからない。60歳からは年金が支給されるが、これも掛け金は不要なのだという。国王も世界一の金持ちともいわれる人物で、**20㎢の世界最大の宮殿に住む。50歳の誕生日には800億円の私財を投じて建設した東南アジア最大級の遊園地「ジュルドン・パーク」を国民に開放した。**

 DATA 正式名称：ブルネイ・ダルサラーム国　首都：バンダル・スリ・ブガワン　面積：5,765km²　人口：42.1万人

052日目

フィリピン

台風の通り道 警報はバナナで!?

フィリピンではバナナの木で、台風の被害予想を表している

フィリピンの一部は「台風の通り道」になっていて、台風が来襲する回数は、毎年 20 ～ 30 回にものぼる。そのうち年平均９回は上陸するため、**フィリピンの気象庁では、バナナの木への影響を例に、５段階の警報を出して国民に注意を呼びかけている。**シグナル１は「いくつかのバナナの木が傾いたり、倒れたりし、バナナの葉は損傷」、シグナル２は「多くのバナナの木、少数のマンゴーの木はなぎ倒されるか折れる」、シグナル３は「ほとんどのバナナの木は倒れ、いくつかの大きな木は折れるか根こそぎやられる」、シグナル４は「バナナ園ほぼ全体に壊滅的なダメージ」、シグナル５は「バナナ園壊滅」だという。シグナル５が発令される日が来ないことを祈るばかりだ。

DATA 正式名称：フィリピン共和国　首都：マニラ　面積：29万9,404km²　人口：約1億98万人

アジア

053日目

フィリピン

トマトではなく バナナケチャップが主流!?

ナスのオムレツ料理「トルタンタロン」。フィリピンではバナナケチャップをかけていただく

世界有数のバナナの産地フィリピンでは、ケチャップというと、**バナナを原料にした「バナナケチャップ」**を指す。見た目はトマトケチャップと同じく真っ赤だが、非常に甘いのが特徴。トマトは一切使われておらず、バナナのほか、酢、砂糖、水などで作られていて、合成着色料や甘味料を加えて「トマトケチャップ風」にしているのだ。はじまりは第二次世界大戦時。トマトケチャップが入手困難になった際に、トマトより多くとれるバナナを代用したことが始まりだ。アメリカ統治時代の影響が色濃く残るこの国では、甘いもの好きの嗜好ともマッチして、愛用されるようになった。フィリピン人はフライドチキン、フライドポテト、ピザなど何にでもかけて食べるという。

フィリピン

世界第3位の地熱発電国!

フィリピンの首都マニラ南方にあるタール火山

日本と同じく島国で、環太平洋火山帯に位置する火山国フィリピン。化石燃料資源にも乏しく、石油も輸入に頼っているなど日本との共通点が多い国だが、フィリピンは早くから石油への依存度を下げるためのエネルギーの多様化に積極的に取り組んできた。現在、再生可能エネルギーが16%で、太陽光や風力発電なども行われているが、そのほとんどが地熱発電によるものだ。**2018年のデータでは、アメリカ、インドネシアに次ぐ世界第3位の地熱発電量を誇っている。**

フィリピンの地熱発電は、1986年に安全性やコスト面などの関係で原子力発電所の運転が見送られてから重要性が増し、1990年代に地熱発電量が大きく増加したという。

055日目

インドネシア

ジャカルタは鉄道ファンの隠れた聖地!

1870年に開業したコタ駅。日本の電車に出会える

インドネシアの首都ジャカルタを走るKRL（首都圏通勤電車）には、かつて日本で活躍した車両が再利用され、ジャカルタ市民の足となっている。日本の中古車両がKRLへ導入されたきっかけは、2000年にアジア通貨危機でインドネシアが深刻な財政難に陥り、不足した新規車両を補うために東京都から無償譲渡を受けたことがきっかけだ。日本側にも使わなくなった車両の解体費用が節約できるメリットがあった。東京都とジャカルタは姉妹都市提携を結んでいるため（1989年〜）、これまで**主にJR東日本や東京メトロ、東急など首都圏の車両が多く譲渡された**。現在累積で約1500両、そのうち1000両弱が稼働していて、鉄道ファンの隠れた聖地にもなっている。

 DATA 正式名称：インドネシア共和国　首都：ジャカルタ　面積：約192万km²　人口：約2.67億人

056日目

インドネシア

300もの民族が暮らす多様性に満ちた国

伝統的な衣装で踊る
インドネシアの女性

インドネシアは、**「多様性の中の統一」を国の指針とする多民族・多言語国家**だ。赤道を挟んで散らばる1万4572の島からなり、このうち有人島は2869。日本の約5倍の国土には、約300もの異なる民族が暮らし、700以上の言語があると言われる。人口は約2.67億人（2018年）で、中国、インド、米国に次ぐ世界第4位の大国。世界最大のイスラム教徒を抱える国でもあり、国民の約88%にあたる約2億人がイスラム教徒だが、イスラム国家ではなく、憲法で信仰の自由が認められている。ただし、なんらかの宗教を信仰することが義務づけられており、宗教省公認の宗教（カトリック、プロテスタント、仏教、ヒンズー教、儒教）から選ばなければならない。

057日目

インドネシア

老若男女に親しまれる「バドミントン王国」

インドネシアに初めてオリンピックの金メダルをもたらしたのもバドミントン

インドネシアの国民的スポーツといえばバドミントンだ。伝統的な競技としては格闘技「プンチャック・シラット」や球技「セパタクロー」が挙げられるが、国際大会で世界と互角に戦い、老若男女に幅広く親しまれているスポーツといえば、バドミントン以外にない。オリンピックで初めて金メダルをもたらしたのも、1992年バルセロナ五輪の女子バドミントンだった。

ラケットやシャトルなどの用具が必要なため、もともとは裕福な人々の間で盛んだったが、**シャトルの材料となる水鳥の羽根が簡単に入手できる**ことや国際大会でインドネシア選手の活躍が目覚ましかったことなどから、誰もが楽しめるスポーツ、娯楽として全国的な普及が進んだといわれている。

058日目

インドネシア

闇夜に輝く絶景 青い炎のイジェン山

青い炎は硫黄ガスが燃焼しているため。山の亀裂から600度もの高温で噴出する

近年、インドネシアで注目を集めている火山がある。ジャワ島東部に位置するイジェン山だ。標高約 2800m の山頂にあるターコイズブルーのカルデラ湖は世界最大の酸性湖で、現在も手作業で過酷な硫黄の採掘が行われている。

火口では無数の亀裂から噴き出した火山ガスが燃え続け、**夜になると青い炎を噴き出す**。その神秘的な姿が雑誌『ナショナルジオグラフィック』に紹介されると、絶景スポットとして世界的に知られるようになった。この青い炎の正体は硫黄ガスの燃焼によるもので、600℃、火柱は 5m に達することもあるという。青い炎は夜にしか見ることのできない現象で、朝日とともにその色はオレンジとに変わり、日中は無色になる。

059日目

インド

インドのカレーと日本のカレーはどう違う?

昼食時に、ヤシの葉で提供されたインドのカレー料理

インドのカレーは、香辛料のよく効いたソースを、細長くパサパサしたインディカ米や小麦粉を焼いたナンで食べるのが典型的なスタイル。一方で、とろみのあるソースをモッチリした日本米にかけて食べるのが日本のカレーだ。両者の大きな違いはカレーの「とろみ」。インドのカレーは汁気が多くサラサラしているものが多いが、日本のカレーは小麦粉を加熱することでとろみを出す。これは、日本のカレーが西洋料理の影響を受けているためだ。カレーが日本に伝わったのは明治時代、文明開化の象徴の一つとしてイギリス経由で伝来した。インドから日本に直接伝わったわけではないため、日本のカレーは西洋風にアレンジされたイギリスのカレーがベースになっている。

 DATA 正式名称：インド　首都：ニューデリー　面積：328万7,469km²　人口：13億6,641万人

060日目

インド

IT産業成長のウラには時差があった!?

世界各国で、ITアウトソーシングの取引先にインドを選ぶ

右肩上がりの成長を続けるインドのIT産業。その躍進の要因のひとつといわれているのが、インドの地理的背景だ。インドのIT産業は、企業からのアウトソーシングが40%を占め、ソフトウェア開発が20%、残りが製品開発などとなっている。アウトソーシングの最大の相手国はアメリカ。ここでインドにとってアメリカとの地理的位置が好都合になる。**インドはアメリカのちょうど反対側にあり、約12時間の時差**がある。この時差を利用すると、業務を効率よく進めることができるのだ。たとえばアメリカで昼間に行った業務を夜インドへ送れば、朝を迎えたインドで業務の続きを進められる。インドは作業コストが安いのも大きなメリットだ。

061日目

インド

2020年代後半には人口が世界最多に!

インドの首都デリーの南部郊外。多くの建物が密集している

2019年時点で、**インドの総人口は13億6千万人、中国の13億9千万に次いで世界第2位**だが、インドの人口は、乳幼児死亡率の低下などで2050年代まで伸び続けるため、2030年までには中国を上回り、世界最多になるとみられている。

インドの人口は、29歳以下の若年層が全体の約50%を占めているのも大きな強みだといわれている。先端科学の振興を重視する政府の方針により、インドには約2000の理数系の教育機関が整備されており、人口が多い分だけ優秀な人材が多く育つ環境があるのだ。また、英語力についても同様で、インドでは高等教育を受けた若者の多くは英語力を身につけていることから、今後の教育の発展が期待されている。

062日目

インド

世界一湿った場所 マウシンラム

アジア

メガラヤ州のチェラプンジにあるワカバの滝

インド北東部・メガラヤ州のカーシ山地にある村マウシンラムは、世界一湿った場所として知られている。「メガラヤ」は、サンスクリット語で「雲のすみか」を意味する通り、マウシンラムの住宅に雲が流れ込むことも多く、雲が去ったあとは家中がじっとりと湿り気を帯びる。**降水量は年平均で1万mmを超え、年間平均降水量1万1873mm（1985年）のギネス世界記録も保持**している。5～7月の雨が激しい時期には外出もままならないため、住民たちは屋根の修繕や薪割り、穀類の備蓄など、雨季の準備を何カ月もかけて行う。雨季に入ると女性たちは、「ナップ」と呼ばれる伝統的なカーシ族の傘やかご、ほうきなどの竹製品を作りながら室内で過ごすのだという。

アジア

063日目

インド

インドの紙幣には17言語の表記がある!?

インドの通貨は「ルピー」。紙幣の肖像画はすべて「ガンジー」で統一

インドは28の州と9つの直轄地からなる連邦国家だ。州の区分は原則として言語に基づいている。インドにはいわゆる「インド語」は存在せず、連邦公用語であるヒンディー語のほか、憲法で公的に認定された言語が22もあり、それに加えて方言や現地語など非常に多くの言語が存在する。イギリス植民地時代に広まった英語も、言語を異にする人々や都市住民たちのコミュニケーション手段になっている。

多言語国家らしく、インドの紙幣には17の言語でその額面が表記されている。**表には英語とヒンディー語の2言語、裏面には、アッサム語、ベンガル語、グジャラート語など15言語の表記**がある。

064日目

インド

食べるときは右手しか使ってはいけない

右手で上手にカレーを食べる修行僧

インドではヒンドゥー教信者が人口の約75%を占めるため、その教義が文化や生活の基礎となっている。**スプーンやフォークなどの食具を使わず、右手で直接食べ物をつかんで食べる「手食」**もその一つで、他人が触れたことのある食具は不浄なため、右手で直接食べるのだという。右手を使うのは、右手が清浄、左手が不浄だとされるため。食べ物は神から与えられた神聖なものなので、清浄な右手を使うのだ。手食の際は、男性は５本の指を使っていいが、女性は親指、人差し指、中指の３本しか使ってはならないという決まりもある。

食事のほか、人にものを渡すときや握手なども必ず右手で、自分の体も右手で洗う。左手を使うのはおもにトイレのみだ。

アジア

065日目

インド

一枚布の民族衣装「サリー」のルーツとは？

丘の上で色鮮やかなサリーをまとう女性たち

インドの民族衣装「サリー」は、サンスクリット語で「細長い布」を意味し、その名の通り幅1m、長さ5～9mほどの一枚布を体に巻きつけるようにして着用する。地域によってさまざまな染色やプリント、織物技術があり、言語と同じように民族の多様性を示すものともいわれる。その**起源は5千年以上前、布を裁断縫製することを不浄としたヒンドゥー教の僧侶が、織ったままの一枚布を巻きつけて着た**ことにあり、ヒンドゥー教の聖典ヴェーダの中でもその存在が述べられている。

現在でもヒンドゥー教の教えではサリーを着ることが奨励されていて、インド人女性の多くが普段着から礼装までサリーを身につけている。

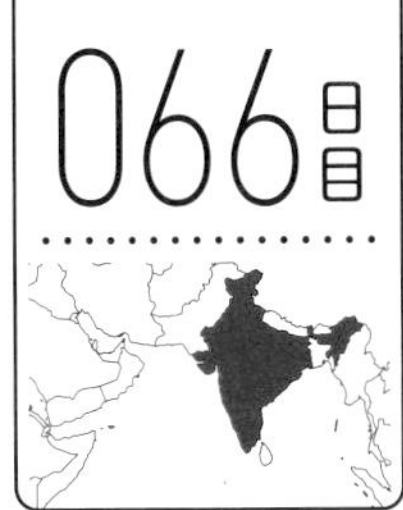

066日目

インド

パジャマのもとになった インドの民族衣装

陶芸家が着ているのも「クルター」と「パージャーマー」

インドの女性用衣装といえば「サリー」だが、**男性用衣装としては「クルター」というシャツと、「パージャーマー」というズボン**が挙げられる。クルターとパージャーマーはゆったりしたデザインで、風を通すので体につきにくく涼しい。素材も薄地の木綿布で、インドの暑い気候にもぴったりの快適な作りになっている。

ズボンのパージャーマーは、寝るときに着る「パジャマ」の語源にもなっている。1870年代に、インドに駐留していたイギリス人がパージャーマーを寝巻きとして使用したことがきっかけで、20世紀以降、世界中に広まった。日本でパジャマが使われるようになったのは、戦後からだといわれている。

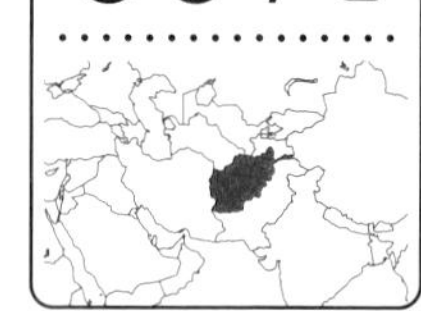

067日目 アフガニスタン

ケシ栽培が盛んな世界最大のアヘン生産国

ケシ科ケシ属の一年草の植物の種子を乾燥させたものをケシの実という

世界の麻薬工場と呼ばれるアフガニスタン。アヘンはケシの実から取れる果汁を乾燥させて作るもので、さらに精製するとヘロインになる。アメリカは9.11同時多発テロ以降、アフガンの武装勢力の資金源となる麻薬産業の撲滅に全力を上げたが、生産は増える一方。タリバン時代、ケシの栽培は厳しく制限されていたが、政権の崩壊後、各地で麻薬生産が再開。2017年のアヘン生産量は約9000トン、翌18年は干ばつ被害で生産量が減少したものの約6400トンと高水準だ。**内戦、難民、貧困などの影響で、全人口の約10%がアヘン生産に頼っている。**生産を止めた場合の経済的損失を埋めるには、先進諸国による長期にわたる経済支援が必要といわれている。

DATA 正式名称：アフガニスタン・イスラム共和国　首都：カブール　面積：65万2,225km²　人口：3,890万人

068日目

バングラデシュ

世界最長のビーチと泳がないバングラデシュ人

コックスバザールビーチで海水浴を楽しむ人々

バングラデシュで人気の観光地といえば南部のビーチリゾート「コックスバザール」だ。**全長125kmにおよぶ天然の砂浜の海岸線は「世界最長のビーチ」**といわれている。バングラデシュ人の多くがハネムーンで訪れるともいわれるが、肌の露出を避けるイスラム教徒が国民の9割を占めるこの国では、海水浴客は水着になることなく服を着たまま海につかる。

また、コックスバザールのあるチッタゴン管区はミャンマーと国境を接していて、ミャンマーを追われて流入したイスラム教徒、ロヒンギャ難民の問題が国際的な関心を集めている。難民の数は2018年はじめに100万人に達し、犯罪の増加や物価上昇を招くなど大きな社会問題となっているのだ。

DATA 正式名称：バングラデシュ人民共和国　首都：ダッカ　面積：14万7,000km²　人口：1億6,555万人

069日目

バングラデシュ

絶滅危惧のベンガルトラは50年以内に消滅の危機!?

絶滅危惧種に指定されたベンガルトラ

バングラデシュの国獣ベンガルトラは、国際自然保護連合(IUCN)の絶滅危惧種に指定されている。おもな生息地は、バングラデシュとインドにまたがるガンジス川河口に位置し、マングローブに覆われた1000㎢もの広大な大湿地帯が広がるスンダルバンス国立公園だ。しかし、**スンダルバンスのベンガルトラは、密猟の影響で2004～15年の間に440頭から106頭に減少**している。そんななか2019年には、50年以内にこの地からベンガルトラが完全に姿を消す恐れがあるという研究結果が発表された。海面上昇が進み、スンダルバンス国立公園の面積が急激に縮小しつつあるからだ。ホッキョクグマなどと同じく、地球温暖化はあらゆる生態系に影響を及ぼしている。

070日目

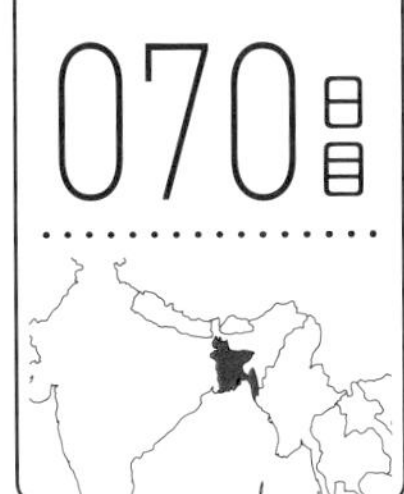

バングラデシュ

冠水や洪水から住民を守る一石二鳥サイクロンシェルター

ダッカを流れるブリゴンガ川。停留する客船と川を行き交う大小の船

北海道の約1.7倍の国土（14万7000km^2）に約1億6000万人が暮らすバングラデシュは、ガンジス川、ブラフマプトラ川、メグナ川によって形成された世界最大のデルタ地帯に位置し、国土の約8割が海抜9m以下の低地にある。

これまで、度重なるサイクロンの襲来に見舞われ、冠水や洪水による多大な被害を受けてきた。特にベンガル湾沿岸地帯では、1991年に発生したサイクロンにより14万人もの人命が失われた。そのため91年以降、バングラデシュ政府は国際的な協力を得て、**住民避難用サイクロンシェルターの建設を進め、現在も増設中**だ。このシェルターは、通常時は小学校として活用することで、教育の質の向上にも一役買っている。

アジア

071日目

パキスタン

世界最古の計画都市 モヘンジョダロ遺跡

謎の古代文明、インダス文明で最古にして最大の都市遺跡「モヘンジョダロ」

紀元前2000年前後に、インダス川を中心とする現在のパキスタンからインドにかけての地域ではインダス文明が栄えた。その代表的な都市遺跡がモヘンジョダロだ。モヘンジョダロは「死者の丘」を意味し、地元では近づいてはならない場所といわれていたが、1921年、インド人考古学者のR.D.バナルジーによって発見された。この都市は、**碁盤の目のような道路で細かく区切って整備され**、**城塞、沐浴場、穀物倉庫、井戸などがあり、下水道も完備**されていた。いまだに多くが謎に包まれた遺跡だが、現在見つかっている遺跡や出土品から、精密な都市計画のもとにつくられたようだ。1980年には「モヘンジョダロの遺跡群」として世界文化遺産に登録された。

DATA 正式名称：パキスタン・イスラム共和国　首都：イスラマバード　面積：79.6万km^2　人口：2億777万人

072日目

パキスタン

少数派のウルドゥー語が国語になった理由とは?

古代の羊皮紙に書かれたウルドゥー語写本

パキスタンの国語はウルドゥー語、インドはヒンディー語で、書き言葉では語彙や文字に違いがあるが、話し言葉に関しては、ウルドゥー語はヒンディー語と同じ言葉だ。デリー周辺で話されていた方言にペルシア語やアラビア語を採り入れたのがウルドゥー語で、ムガル朝の宮廷軍や住民の間で使われ始めたのが起源だ。イギリスの植民地時代は別の言語として区別されることはなかったが、**パキスタンとインドに分かれて独立する中で、ウルドゥー語、ヒンディー語と区別された**。パキスタンでは数十の言語が使われているが、人口約２億人のうち、ウルドゥー語を母語とするパキスタン人は10％にも満たない。公用語は英語となっている。

073日目

スリランカ

生産も輸出も世界トップクラス 味わい豊かな紅茶の国

お茶摘みをするスリランカの女性。お茶の工場見学や茶摘み体験ができる場所もある

イギリスの植民地としてスリランカが「セイロン」と呼ばれていた1830年代、中央高地ではコーヒーの栽培が盛んに行われていた。ところが、1860年代にセイロン島一帯にサビ病が蔓延し、コーヒー農園は壊滅。そこで**コーヒーに代わって栽培されたのが紅茶**だった。もともとスリランカの南半分は熱帯雨林気候で雨量が豊富、熱帯のカッと照りつける太陽にも恵まれるなど、気候条件がお茶の生育条件に適していたことから、紅茶の生産地として一気にその規模を拡大していった。

スリランカで生産される紅茶は香りや味わいに優れていて、瞬く間に評判に。その結果、**生産量世界第2位、輸出量世界第1位の紅茶大国**として世界中に知られるようになったのだ。

 DATA 正式名称：スリランカ民主社会主義共和国　首都：スリ・ジャヤワルダナプラ・コッテ　面積：6万5,610km²　人口：約2,103万人

074日目

スリランカ

島全体が宝石!?「聖なる光輝く島」の由来とは

スリランカ産の天然石によるコレクション

シンハラ語で「聖なる光輝く島」を意味する「スリランカ」は、その名の通り島全体が宝石でできているといわれるほどの**宝石の産地として知られ、採掘された宝石は2000年以上前から世界中へ供給されてきた。**かつてソロモン王もセイロンに使者を遣わせ、シバの女王のためにルビーを探させたといわれている。また、イギリスのチャールズ皇太子から故ダイアナ妃へ送られた宝石もスリランカ産だったとされている。

現在もルビーやサファイア、キャッツアイ、アレキサンドライトなど、人気の高い宝石のほか、ターフェアイト、シンハライト、コーネルピンといったレアストーンが採掘されることで有名だ。また、**鉛筆の芯となる塊状黒鉛の埋蔵量も世界一多い。**

アジア

075日目

ヒマラヤ地帯

ヒマラヤ山脈はかつては海の底だった!?

ヒマラヤ山脈にある世界最高峰「エベレスト」。標高8848mを誇る

世界最高峰のエベレスト山からは、なんと海に生息していた生物の化石が見つかっている。これは、**元は海に沈んでいた土地が、約9000mも隆起してヒマラヤ山脈になった**ことの証だ。

現在のインド半島は、かつては独立した島としてインド洋の南半球に位置していた。ところが、プレートの動きとともに北上を続け、約5千万～4千万年前にユーラシア大陸と衝突したと考えられている。インド半島の北上によって、大陸との間にあった海底が大きな力で押し上げられ、ヒマラヤ山脈が形成されたのだ。そのため、海底にあるはずの化石や地層が数千mという高所で見られる。現在でもインド半島は北上し続け、**ヒマラヤ山脈も、1年間におよそ数mmずつ高くなっている。**

076日目

ヒマラヤ地帯

ヒマラヤではなぜ夏に大雪が降る?

ネパールのニルギリ山頂と曇りのヒマラヤ。モンスーンが吹きつける

日本では雪は冬に降るのが常識だが、ヒマラヤ山脈では夏に雪が降る。この地域では、夏になると、**インド洋の湿気を含んだ季節風がヒマラヤ山脈へ吹きつけて急激な上昇気流となる。これが一気に冷やされて大量の雪を降らせ、氷河が成長する**のだ。冬場は逆にチベット側からインド洋へと風が吹くが、温度は低くても湿気が少ないために雪の量や氷河の成長は少ない。近年、地球温暖化の影響があらゆる分野で懸念されているが、ヒマラヤの氷河も無関係ではない。気温が上がれば、夏に降る雪は雨に変わりやすくなり、氷河の成長にも影響する。ヒマラヤの氷河が解け出せば、その下流にあるバングラデシュのようなデルタ地帯は、大洪水に見舞われるのだ。

アジア

077日目

ネパール

世界で唯一四角形ではない国旗の意味とは?

世界遺産に登録されたカトマンズ「ダルバール広場」のカーラ・バイラヴ像の前で

ネパールの国旗は、世界で唯一四角形ではない珍しい形だ。もともとは、**王家と宰相家が使用していた三角形の旗を組み合わせて簡略化**したことに由来している。上部の月は王家を、下部の太陽は宰相を表し、太陽や月と同じくらい国家が末永く繁栄するようにとの願いが込められている。また、二つの三角形はヒマラヤの山並みを表すとともに、二大宗教であるヒンドゥー教と仏教を意味している。

さらに、三角旗になっているのは、ヒンドゥー教の教義が関係しているという説もある。創造神ブラフマー、統一神ヴィシュヌ、破壊神シヴァの三つの神を最高神とする「三神一体」思想に基づいて三角形にしたといわれている。

 DATA 正式名称：ネパール連邦民主共和国　首都：カトマンズ　面積：14.7万km²　人口：2,970万人

078日目

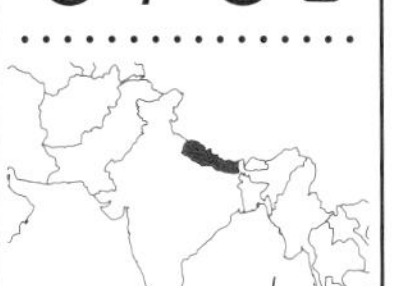

ネパール

ネパール人の食生活は「1日2食+おやつ」が基本

ネパールの家庭料理「ダルバート・タルカリ」。日本でも食べられる

ネパールの食生活は「1日2食＋おやつ」が基本。食事は遅めの朝食と夕食のみで、午後カジャ(軽食)を食べる人が多い。

食事は「ダルバート・タルカリ」というワンプレートの定食が定番だ。地域や民族で食文化が異なるネパールで、全国どこでも食べられているため、国民食ともいわれている。定食の内容は、**ダル（豆のスープ）、バート（ご飯）、タルカリ（カレー風味のおかず）、サグ（青菜の炒めもの）、アチャール（漬物）**で、まずご飯に豆のスープをかけ、おかずや漬物と合わせながら直接手で食べる。軽食「カジャ」は種類が豊富で、モモ（ネパール式蒸し餃子）やチャターマリ（ネパール式ピザ)、バラ（豆のパンケーキ）などが有名だ。

モルディブ

南国リゾートなのにビキニがNGって本当?

インド洋のサンゴ礁の海と水上コテージ

高級リゾート地として人気の高いモルディブ。インドの南に位置するイスラム教の国だが、「一つの島に一つの機能」が原則なため、一島を一つのリゾートが独占し、プライバシーが保たれている。また、リゾート島は特別措置がとられていて、ビーチでのビキニもOK、アルコールの販売も行われている。

しかし、首都マレなどのように現地の人が住む住民島は、完全なるイスラム教エリア。イスラム圏では肌の露出、女性の体のラインを見せるような服装はタブーとされているため、**住民島に行く際は露出度の高い服は避けなければならない**。ほかにも、豚肉を食べない、年に一度のラマダンに配慮するなど、現地の文化に敬意を払って行動することが大切だ。

 DATA 正式名称：モルディブ共和国　首都：マレ　面積：298km^2　人口：53.4万人

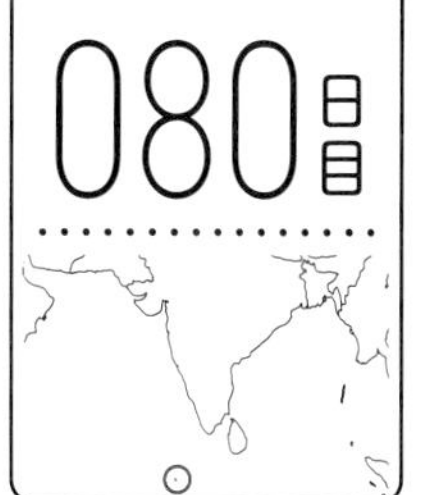

080日目

モルディブ

2時間で1周できる!
コンパクトな首都マレ

上から見たモルディブの首都マレ

インド洋に浮かぶモルディブは、1200あまりの珊瑚礁の小さな島々からなる国。**人口の3分の1を占めるおよそ14万人が、通称「町の島」ことマレ島にある首都マレに住んでいる。**そのため、マレは世界で最も人口密度の高い都市の一つになっている。外周を歩いても約2時間というコンパクトな島には、大統領官邸、国会、省庁、警察、総合病院、モスク、国立競技場、博物館、テレビ局、ホテル、ショッピングモールなど、町の機能を果たす施設が全て揃っている。近年、マレの人口過密を解消するために、ヴェラナ国際空港のあるフルレ島に隣接したフルマレ島という人工島ができ、フルマレ島－フルレ島－マレ島を結ぶ橋も開通した。

081日目

イスラムの国々

日の出から日没まで飲食が禁じられる「ラマダン」

食事の前に祈りをささげるムスリムの家族

ラマダン（断食月）は、イスラム暦の９月のこと。ムスリムはこの**１カ月間、日の出から日没まで飲食を控える生活をする**。空腹を感じることで貧しい人々の気持ちを理解したり、世界中のムスリムが同じ時期に断食をすることで、一体感を感じたりするためだといわれている。断食の対象は健康な成人男女で、長時間の断食が難しい高齢者や病人、妊婦などは免除される。ただし、その代わりに貧しい人に食事を与えたり、別の月に埋め合わせの断食をしたりしなければならない。イスラム暦は月の満ち欠けに基づく太陰暦で、太陽暦より 11 日少ないため、ラマダンの時期は毎年ずれていく。およそ 33 年で、全ての季節のラマダンを体験することになるという。

082日目

イスラムの国々

イスラムの女性はなぜ髪や体のラインを隠すのか？

黒一色のスカーフのほかに、色つきのスカーフもある

イスラムの国々では、全身をすっぽり覆う衣装を着た女性が多い。地域によって、ヒジャブ、ブルカ、チャドルなどさまざまな呼び名があるが、イスラムの戒律は、女性に対して「近親者以外には髪、肌、ボディラインを見せないこと」を義務づけている。

女性は魅力的でかけがえのない存在であり、衣服はそんな女性たちを守るもの、というのがイスラムの考え方なのだ。髪の毛や素肌のような美しいものは男たちを誘惑するため、男たちの視線を回避するために顔と手首以外は見せてはならない、つまり、全身を覆う衣装はセクハラ予防、という意味もあったのだ。

083日目

イラン

高品質で輸出量も世界一！ピスタチオの一大産地

イラン・タブリーズのグランドバザールにあるナッツ店

イランは、世界一のピスタチオの生産・輸出国だ。ピスタチオの歴史は古く、中東では数千年前から栽培されており、旧約聖書にも登場する。一説によると、ピスタチオはシバの女王のお気に入りだったという。また、ペルシャ（現在のイラン）では、ピスタチオ貿易に携わることと、ピスタチオ農園を所有することは富と高い地位の象徴だった。

イランのピスタチオは、味、形状、大きさが多様なことから、ヨーロッパをはじめとした国際市場で高級品として扱われている。高品質のピスタチオを生産できるのは、**快晴日数が多いことに加えて、冬は寒すぎず、まとまった降雨量がある**という気候条件に恵まれているからだ。

DATA 正式名称：イラン・イスラム共和国　首都：テヘラン　面積：164万8,195km²　人口：8,280万人

084日目

アジア

イラク

メソポタミア文明がおこった国

イラク南部アフワールにある、古代都市ウルのジッグラト

世界四大文明の一つ、メソポタミア文明発祥の地とされるイラク南部のアフワール。ウル、ウルク、エリドゥというメソポタミアの古代都市遺跡と、東ハマー、西ハマー、フワイザ、セントラルの４つの湿地帯からなるこの地域は、**「イラク南部のアフワール：生物多様性保護区とメソポタミア都市群の残存景観」として、2016年に世界複合遺産に登録**された。チグリス川、ユーフラテス川周辺の湿地帯がメソポタミア文明を生み、渡り鳥をはじめとする豊かな生態系を育んでいる。

アフワールのように、乾燥しているうえに高温である地域に形成された湿地帯は、世界でもほかに例がなく、こうした意味でも極めて貴重なものとなっている。

DATA 正式名称：イラク共和国　首都：バグダッド　面積：約43万8,300km²　人口：約3,887万人

アジア

085日目

クウェート

全人口の約7割が外国人 その理由とは?

ペルシャ湾に臨むクウェートのパノラマ

石油資源が豊富なクウェートは、四国とほぼ同じ面積の小国。石油発見以前は、漁業や地の利を活かした貿易などを生業としていたが、砂漠乾燥気候で農業は数少ないオアシスに限られていたため、1950年の推定人口は約15万人と少なかった。

ところが油田が発見され、**石油収入が急増する1950年代以降になると、人口が急増**。高い自然増に加え、近代化や経済開発のためのプロジェクトを実施する際に必要な技術力や労働力を、外国人移住労働者に求めたのがその理由だ。1980年にはインド人やバングラデシュ人などの外国人労働者の数が、クウェート人を上回った。2019年には、人口475万人のうちクウェート人が141万人で、非クウェート人が約7割に達している。

DATA 正式名称：クウェート国　首都：クウェート　面積：1万7,818km²　人口：467万人

086日目

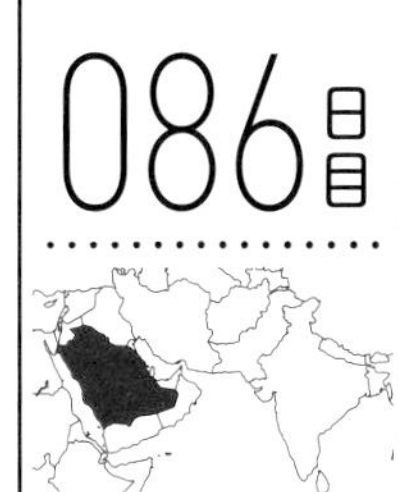

サウジアラビア

家族経営の王政国家 王族はなんと3万人も!

国王の肖像画が描かれた
サウジアラビアの紙幣

「サウジアラビア王国」という国の正式名称は「サウード家によるアラブの王国」という意味を持ち、その名の通りサウード王家が統治する王政国家だ。

18世紀半ば、サウード家はアラビア半島にある小さな町を治める豪族だった。当時、この地方ではイブン・アブドゥル・ワッハーブによって新しいイスラム宗教運動（ワッハーブ派）が始められた。このワッハーブ派との協力関係が作られたことで、サウード家は勢力を拡大。滅亡と再建を繰り返しながらも、1932年にサウジアラビア王国を建国した。王位はサウード家直系の王子が継いでいく習わしだが、現在、**王子だけで1万2千人、サウード家全体では3万人もの王族がいる**という。

DATA サウジアラビア王国　首都：リヤド　面積：215万km²　人口：3,370万人

087日目

サウジアラビア

国家予算の4分の1が教育予算! 世界のエリートを育てる奨学金も

外国人留学生はアラビア語を学ぶことが義務になっているという

サウジアラビアは世界最大級の産油国でありながら、資源が枯渇する未来を見据え、国家戦略として教育や人材育成に力を注いできた。国家予算のなんと4分の1を教育予算や職業訓練予算に当てており、**公立の場合、教育費は大学院まで無料**だ。学校制度は日本と同じ6・3・3・4制で、男女別学・別施設、教員も男女別となっている。

国際的な教育改革にも力を入れ、2005年から始まった「アブドラ国王奨学金プログラム」では、留学する際の学費、渡航費、滞在費などが手厚く支給される。また、「モヒバ」という教育制度があり、さまざまな分野で秀でた能力を持つ若者を選抜したうえで、最先端のエリート教育を行っている。

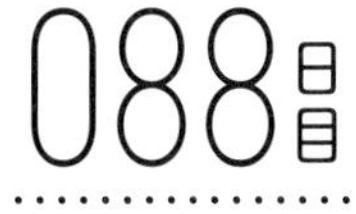

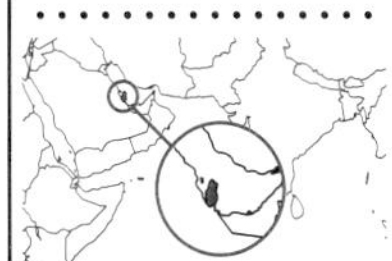

カタール

石油・天然ガス依存から脱却 高級リゾート開発が進む国

夜、ドーハ湾のウエストベイエリアで美しく輝く高層ビル群

国民1人あたりのGDPが約10万ドルで世界トップクラスの国。石油と天然ガスによって莫大な利益がもたらされているが、1940年代に石油が発見されるまでは、漁業と天然真珠採りが主な産業だった。1971年に海底天然ガス田が発見されると、これを基礎に経済が発展。現在、天然ガスの埋蔵量は世界第3位だ。天然資源により飛躍的な発展を遂げたカタールだが、**政府は天然ガス・石油に依存する経済からの脱却のため、リゾート開発と観光産業の育成にも力を入れている。**首都ドーハでは、約400万m^2の広さを持つ人工リゾート島が造成され、高層マンション、高級ショッピングモール、レストラン、エンターテイメント施設などが次々と建設されている。

DATA 正式名称：カタール国　首都：ドーハ　面積：1万1,427km^2　人口：約280万人

089日目

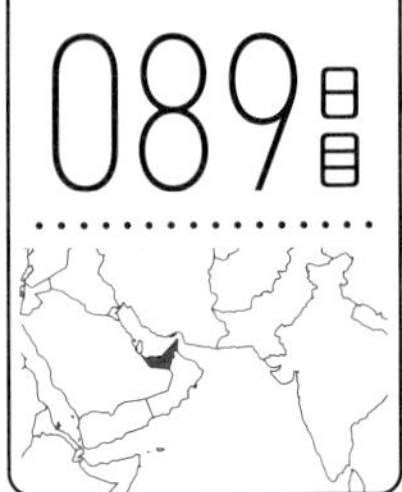

UAE

世界最大のターミナルを持つドバイ国際空港

ドバイ国際空港とその先に広がるドバイの都市

ドバイ国際空港は、**世界一豪華な航空会社として知られるエミレーツ航空の本拠地**であり、経済成長著しいドバイの玄関口として、多くの搭乗客に利用されている。2018年には、**5年連続で国際旅客数世界1位**の座を獲得した。

最も新しい「ターミナル3」はエミレーツ航空専用で、世界最大のターミナルだ。一つのターミナルで通常の空港ほどの大きさがあり、エミレーツ航空だけのチェックインカウンターがなんと180あるという驚きのスケールだ。ターミナル内では、高級車やバイク、約1億円が当たる宝くじが売られているほか、高級ブランドショップや高級レストランが並び、ホテル・スパまで完備している。

DATA 正式名称：アラブ首長国連邦　首都：アブダビ　面積：8万3,600km²　人口：約977万人

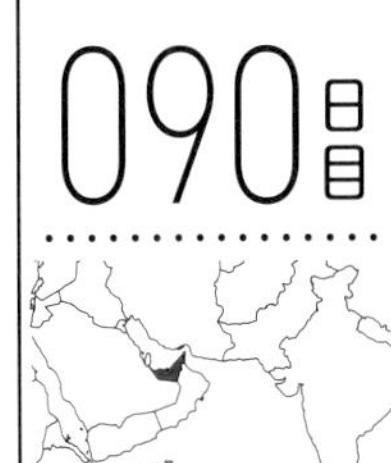

090日目

UAE

世界一高い超高層ビルは東京タワーの約2倍以上！

多くの観光客を集める
世界一高い高層ビル
「ブルジュ・ハリファ」

ドバイは7首長国からなるUAEの中で最も産油量が少ない。そのため、石油に依存しない新しい産業として生み出されたのが巨大観光都市の建設だ。石油の信用を武器に世界各国から投資を集めると同時に**「世界一を集めれば、世界中の人が見に来る」という考えのもと世界一の物を作りまくり、最先端都市へと変貌**を遂げた。そんな「世界一」の中でも、ドバイの象徴が世界一高い超高層ビル「ブルジュ・ハリファ」だ。ギネス世界記録にも登録されたその高さは829.8mで、エンパイア・ステート・ビルディングをしのぎ、東京タワーの2倍以上の高さを誇る。地上206階（160階以上は一般入場不可）の中にはホテルや高級マンション、オフィスなどが入っている。

091日目

オマーン

世界遺産から抹消された「アラビアオリックス保護区」

動物園にいる絶滅危惧種のアラビアオリックス

世界遺産制度ができて半世紀近く、**国や住民が遺産保護のための厳しい規制よりも開発を選び、登録から抹消される**動きも出てきた。その第1号が、オマーンの「アラビアオリックス保護区」だ。アラビアオリックスは伝説のユニコーンのモデルだといわれるウシ科の動物で、美しい角を狙う狩猟により、1972年に野生種が絶滅。その後、飼育されていた10頭を平原に放って野生に戻す計画が進められた。ところが、石油資源を開発するため、保護区の面積を10分の1に縮小するという方針をオマーン政府が発表。自ら世界遺産の取り消しを求めた。これは自然保護よりも開発による経済利益を優先した典型例だ。

DATA 正式名称：オマーン国　首都：マスカット　面積：約30万9,500km²　人口：448万人

092日目

イエメン

コーヒーの「モカ」はもともと港の名前だった

イエメン産「モカ・マタリ」は「コーヒーの女王」といわれ、さわやかな香りと酸味が特徴

日本で親しまれているイエメン産のものといえばモカコーヒーだ。イエメンの山岳地域はコーヒー豆の商業的栽培が始まった地と考えられており、**紅海に面した「モカ」という町は昔、世界最大のコーヒー積み出しの港町だった**。コーヒーの「モカ」は、この町にちなんで名づけられた。ちなみに、エチオピア産の豆でもここから出荷されればモカと呼ばれたため、これと区別して純国産の「モカ・マタリ」という銘柄が生まれた。一般的にコーヒー豆は寒暖差が大きく湿度が高いほど良い味に育つため、霧が頻繁に発生する山間地はコーヒーの栽培に最適。そのため高品質な豆には「ブルー・マウンテン」や「キリマンジャロ」など、栽培地の山の名前がついているものが多い。

DATA イエメン共和国　首都：サヌア　面積：55.5万 km²　人口：約2,892万人

093日目

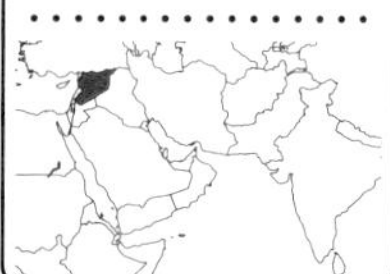

シリア

破壊された"バラの街"世界遺産「パルミラ遺跡」

夕日に佇むパルミラ遺跡のテトラピュロン(四面門)。写真は破壊される前の姿

シリア砂漠の真ん中に位置する**パルミラ遺跡は、紀元前3世紀頃に建設されたローマ帝国時代の都市遺跡**。神殿や円形劇場などの建造物が残され、1980年には世界遺産に登録された。「世界で最も夕陽が美しい」ともいわれ、夕陽に染まる遺跡の美しさに、シルクロードの商人たちは「バラの街」と呼んだ。シリア内戦が始まるまでは、この美しい遺跡を見に、毎年15万人以上の観光客が世界から訪れていたが、2015年5月に過激派組織ISがシリア軍を撃破し、遺跡を勢力下に置くと、「偶像崇拝を助長するもの」として遺跡の破壊が始まった。現在修復が予定されているものの、シリアの内政が不安定なこともあり、その目処はまだ立っていない。

DATA シリア・アラブ共和国　首都：ダマスカス　面積：18.5万 km^2　人口：1,939万人

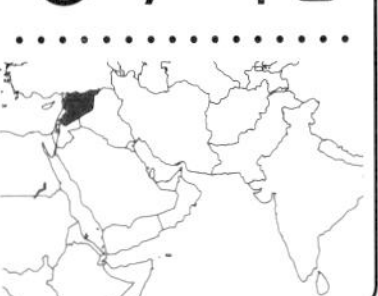

094日目

シリア

国民の約半分が避難生活を送る国

シリア南西部にある都市クネイトラ。戦争によって廃墟となる

2010年末、チュニジアに端を発したアラブ諸国の反独裁政権運動「アラブの春」はシリアにも影響が及び、2011年3月以降デモが激化した。武力弾圧を続けるアサド政権軍と反体制派との内戦となり、欧米や周辺国による介入や過激派組織IS勢力の台頭もあって国内情勢はさらに悪化、これまでにシリア全土で数十万人が犠牲になったと伝えられている。

2017年にようやくISが事実上制圧されたものの、内戦終結への出口は見えない。**戦果を避けて国外へと逃れるシリア難民の数は、2019年末で約660万人、国内避難民は約620万人にものぼる。**じつに総人口の半数以上が避難生活を送っていることになる。

アジア

095日目

ヨルダン

世界で最も低い場所は「死海」の周辺だった

死海での浮遊体験は観光客にも人気

ヨルダンとイスラエルの国境にまたがる死海は、名前に「海」とついているが実際は塩湖で、ヨルダン川から流れ込んだ水がたまってできたものだ。死海といえば水の塩辛さが有名だが、これには死海が位置する場所が大きく関係している。

死海の湖面は海抜マイナス400mという、世界中の陸地で最も低い位置にある。そのため、川から流れ込んだ水は乾燥した空気で蒸発するが、塩分はその場に残り、塩分濃度の高い湖になるのだ。その**濃度は通常の海の約４倍で、生き物が生息できないほど高いことから「死海」と名づけられたといわれる。**町として最も低い位置にあるのは死海近くにあるイスラエルのエン・ボケック。標高は海抜マイナス394mだという。

DATA 正式名称：ヨルダン　首都：アンマン　面積：8.9万km²　人口：995.6万人

096日目

レバノン

アルファベット発祥の地は古代フェニキア人の都市

レバノンのビブロス遺跡。フェニキア人が地中海貿易を行うための港町だった

レバノンにある世界遺産のビブロス遺跡は、紀元前3000年頃から古代フェニキア人の都市国家があった場所。**古代の神殿やローマ劇場、十字軍の要塞などが残るほか、アルファベットの元とされるフェニキア文字が刻まれた石棺が見つかっている。**

もともとビブロスとはギリシャ人がつけた名前で、「パピルス（紙）」という意味。ビブロスはビブロス杉（レバノン杉）をエジプトへ輸出し、エジプトからはパピルスを輸入していたため、フェニキア文字は、パピルスとともにビブロスから広がっていったという。その後、ビブロスは本を意味する「ビブリオン」の語源になり、さらに聖書を意味する「バイブル」という言葉が生まれたといわれている。

DATA 正式名称：レバノン共和国　首都：ベイルート　面積：1万452km²　人口：約610万人

097日目 イスラエル

科学技術で世界をリードする「中東のシリコンバレー」

イスラエルのハイファに設立されたテクニオン・イスラエル工科大学。入口の上にはダビデの星が見える

イスラエルは人口約900万人、四国ほどの面積の小さな国だが、**マイクロソフト、アップル、グーグル、フェイスブックなど世界の名だたるIT企業が開発拠点を置いている**。また、毎年1000社以上もの先端技術やアイディアを持つスタートアップが誕生しており「中東のシリコンバレー」とも呼ばれている。科学技術の水準は世界でもトップレベルで、**1912年に創立されたテクニオン・イスラエル工科大学**は、ナチスや旧ソ連から逃れてきた、10万人ともいわれる科学者や技術者の英知が結集された「頭脳の塔」だ。研究・教育水準は米・マサチューセッツ工科大学と肩を並べる世界最高水準で、多くの一流企業が卒業生を囲い込むほど優秀な人材が集まっている。

DATA 正式名称：イスラエル国　首都：エルサレム　面積：2.2万km²　人口：約923万人

098日目

イスラエル

1948年に建国されるまでの長い道のりとは?

エルサレムの「嘆きの壁」と「岩のドーム」

紀元前10世紀頃、パレスチナにはユダヤ人の国・イスラエル王国があった。ユダヤ人はエルサレムに神殿を造り、厳しい掟に基づいてユダヤ教を確立した。しかし、ローマ帝国に侵略されて国が滅びると、ユダヤ人は世界中に散らばり、その後、この土地にはアラブ人が住むようになった。

19世紀以降、ユダヤ人は聖地エルサレムを含むパレスチナに国を再建するための「シオニズム運動」を起こす。ユダヤ人に同情的な国際世論を追い風に、1947年国連総会でパレスチナの分割案が提示されると、**ユダヤ人は1948年にイスラエルを建国**。しかし、それを認めない**周辺アラブ諸国との間で、これまで4度におよぶ中東戦争が勃発**し、現在も争いが続く。

099日目

パレスチナ

独立国家を目指すパレスチナ自治区とは?

パレスチナ自治区のベツレヘムにある難民キャンプ

1947年に「パレスチナ分割決議」のとき、国連はパレスチナ地域にアラブ人国家も作ると宣言した。しかし、与えられた土地の割合が少なかったことでアラブ人が反発し、**4度にもおよぶ中東戦争に発展。この戦争でイスラエルが勢力を拡大したことで、パレスチナのアラブ人が難民となってしまった。**

そこで、アラブ人はパレスチナ解放機構を発足させて対抗。長い紛争の末、1994年、ヨルダン川西岸とガザ地区にパレスチナの自治を勝ち取った。しかし、イスラエル側はパレスチナ国家を認める気がなく、独立国家の希望を持つパレスチナ人は裏切られた形になり衝突。現在も紛争が続き、2020年現在、パレスチナ難民は国内外に約629万人いると言われている。

 DATA 自治政府所在地：ラマッラ　面積：約6,020 km²　人口：約497万人

100日目

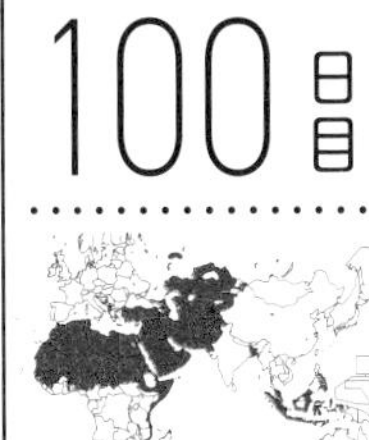

イスラムの国々

世界中のモスクはメッカを向いている

アジア

イスラームの聖地「メッカ」への大巡礼には、数百万人が訪れるという

イスラーム（イスラム教）はキリスト教、仏教と並ぶ世界の三大宗教の一つで、世界の人口の20％にあたる12億人が信仰している。イスラーム最大の聖地はサウジアラビア西部の都市メッカで、イスラームを開いたムハンマドが生まれた土地。毎年、巡礼の期間（イスラム暦の12月8～12日）には200万人以上のムスリムがこの地を訪れる。

モスクの中心となるカーバ神殿はムハンマドが生まれる前からあったとされ、**ムスリム（イスラム教徒）はどこにいてもこの神殿の方角に向かってお祈りをする**。そのため、世界各地にあるイスラームの礼拝堂「モスク」は、中軸線がメッカの方角（キブラ）へ向くように建てられている。

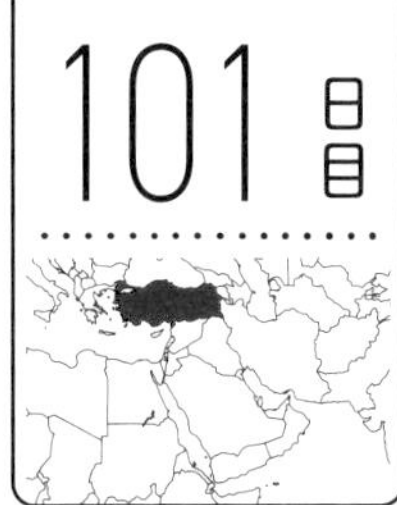

101日目

トルコ

世界三大料理の一つ「トルコ料理」

トルコの代表的な焼肉料理「シシケバブ」。「シシ」は金串、「ケバブ」は焼肉という意味

フランス料理、中華料理と並んで世界三大料理に数えられるトルコ料理は、**オスマン帝国時代に宮廷料理として発展**した。もともと遊牧生活だったトルコ民族の料理は、羊の肉やチーズ、ヨーグルトを使ったものだったが、ギリシャからのオリーブオイルやトマトなど、幅広い民族から豊富な食材を採り入れて豊かな食文化が形成された。重ねた薄切り肉を金棒に刺して焼き、削ぎ落として食べる「ケバブ」や、もちのように伸びるトルコアイス「ドンドゥルマ」は、日本でも有名だ。

また、トルコはヨーグルト発祥の地ともいわれている。ヨーグルトの語源は「ヨウルト（攪拌する）」というトルコ語で、肉料理のソースやスープなど、さまざまな料理に使われている。

DATA 正式名称：トルコ共和国　首都：アンカラ　面積：78万576km²　人口：8,315万4,997人

102日目

トルコ

カッパドキアの奇岩はどうやってできた?

トルコのギョレメ村近くにあるカッパドキアのラブバレー。「愛の谷」という意味

トルコ中央部、周囲数十キロにわたる広大なエリアに、キノコのような奇岩群がそびえるカッパドキア。中には「ラクダ岩」「三姉妹の岩」「ナポレオンの帽子」などのタイトルがついた岩もあるなど、摩訶不思議な絶景の地だ。

この珍しい地形は、エルジェス山とハサン山という二つの火山の度重なる噴火活動によって生まれた。両山は、何百万年も前から噴火を繰り返し、火山灰を降らせ、溶岩流を噴出してきた。降り積もった火山灰は凝灰岩の厚い層を形成し、一方、溶岩流は固まって硬い岩盤となる。やがて、風雨がやわらかい凝灰岩を浸食すると、硬い岩盤だけが残され、現在のような奇岩群が出現したのだ。

アジア

103日目

トルコ

ヨーロッパとアジアをつなぐ文明の交差点

ゴールデンホーン湾に臨むイスタンブールの街

アジアとヨーロッパにまたがるトルコは、古くから「東西文明の十字路」として栄えてきた。**国民のほとんどがムスリムだが、信仰の自由が認められており他宗教にも寛容だ。**初期キリスト教布教の地でもあるため、カッパドキアの洞窟教会、ノアの方舟の舞台・アララト山、聖母マリアが晩年を過ごした修道院跡など、キリスト教ゆかりの場所が数多く残されている。

国土の97％はアジア側で、ヨーロッパ側は３％しかない。しかし、トルコ最大の都市イスタンブールはかつてコンスタンティノプールといわれた東ローマ帝国の首都であり、今でもトルコはアジア諸国よりヨーロッパとの結びつきが強い。サッカー協会やオリンピック委員会もヨーロッパの統一団体に属す。

104日目

トルコ

国をもたない最大の民族・クルド人

トルコの世界遺産「ディヤルバクル城塞」の城壁。ディヤルバクルはクルド人中心の街

中東には約３千万人もの国を持たない民族がいる。それが、独自の言語と文化を持つクルド人だ。居住地は、おもにトルコ南東部、イラク北部、シリア北東部、イラン北西部にまたがり、この地域は古くからクルディスタン（クルド人の土地・国）と呼ばれている。クルド人は地域や部族ごとのムラ意識が強いため方言の差が大きく、文字も共通していない。

クルド人が最も多いのはトルコで、１千万人以上が住んでいるが、トルコ政府は近代化を進める中でクルド人に同化を迫ってきた。トルコ内ではこうした状況に反発するクルド人の中から「PKK（クルディスタン労働者党）」が生まれ、トルコにとって治安上最大の脅威となっている。

105日目

キプロス

ヴィーナス誕生の伝説が残る ペトラ・トゥ・ロミウ海岸

女神生誕の地といわれるペトラ・トゥ・ロミウ海岸の「アフロディーテの岩」

キプロスは、トルコの南方約 75km の東地中海に浮かぶ島国。四国の半分程度の大きさだが、1万年におよぶ古い歴史を持ち、**ギリシャ神話に登場する女神アフロディーテ（ローマ神話ではヴィーナスと呼ばれる）が誕生したとされる地**でもある。

アフロディーテは、ギリシャ神話でオリンポス山の山頂に住むと伝えられるオリンポス十二神の一柱で、愛と美を司る女神。海の泡から生まれたアフロディーテは、キプロス南西部にあるペトラ・トゥ・ロミウ海岸の岩に流れ着いたと言い伝えられている。イタリアの画家ボッティチェッリの名画「ヴィーナスの誕生」は、アフロディーテが海から誕生した様子を描いているが、それがまさにこの場所なのだ。

 DATA 正式名称：キプロス共和国　首都：ニコシア　面積：9,251km²　人口：約119万人

106日目

キプロス

南北に分断された地中海の島国

分割された首都ニコシアの国連緩衝地帯（グリーンライン）にある有刺鉄線と監視所

キプロスは古くから海上交易の拠点だったため、代わる代わる大国の支配を受けてきた。最後に併合したイギリスからは1960年に独立したが、多数派のギリシャ系住民と少数派のトルコ系住民の対立が絶えず、内戦が勃発。74年にはトルコ軍が介入して北部の37%を占領、島は分断された。

以来、**南部がキプロス共和国、北部がトルコ軍の支配地域（北キプロス）に分かれており、その境界線はグリーンラインと呼ばれる国連の緩衝地帯になっている**。2004年には、南部のキプロス共和国のみEUに加盟。北部は1983年に北キプロス・トルコ共和国として独立を宣言しているが、これを認めているのはトルコだけで、国際的な承認は得られていない。

アジア

107日目

中央アジアの国々

カザフスタンやウズベキスタン「スタン」ってどういう意味?

ペルシア帝国時代の影響が、国名にもみることができる

世界には、国名の末尾に「スタン」がつく国が6カ国ある。カザフスタン、ウズベキスタン、トルクメニスタン、タジキスタン、アフガニスタン、パキスタンだ。末尾についている「スタン」は接尾語で、ペルシア語で「国、地方」を意味する。

これらの国々が広がる中央アジア周辺は、かつて広大なペルシア帝国の一部だった。そのため、ペルシア語に由来する言葉が使われている。キルギスも以前はキルギスタンという国名だった。カザフスタンは「カザフ人の土地」、ウズベキスタンは「ウズベク人の土地」ように**「スタン」は「○○人の土地」**と訳すが、パキスタンだけは例外で、「パーク」がペルシア語で「清浄」を意味するため、「清浄の土地」という意味になる。

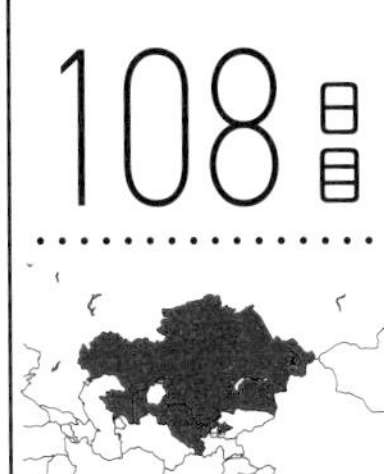

108日目

カザフスタン／ウズベキスタン

ランキングから消えた世界第4位の湖「アラル海」

ウズベキスタンのアラル海にある「船の墓場」

カザフスタンとウズベキスタンにまたがる塩湖「アラル海」は、1990年代初頭まで世界で4番目に大きな湖だったが、**約6万8000㎢あった面積はわずか半世紀で約1万2000㎢にまで縮小した**。これは、旧ソ連時代から進められた綿花栽培などの灌漑事業に起因する。アラル海に注ぐアムダリア川とシムダリア川の水を農地に引き込んだために、アラル海の水位が下がったのだ。注ぎ込む真水が減ったことで塩分濃度が上昇し、魚がいなくなったため、漁村は荒廃。また、乾いた湖底からは塩分や塵を含んだ砂が巻き上がって健康被害ももたらしている。現在、アラル海の再生を目指すプロジェクトが着手され、カザフスタンによる堤防の建設などが成果を上げている。

109日目

カザフスタン

どの家庭にも必ずボクサーかレスラーがいる!?

格闘技好きが多い日本とカザフスタン。首都の都市計画案は日本の建築家によって作られた。写真はヌルスルタンのシンボル、バイテレク・タワー

カザフスタンには**「どの家庭にも必ずボクサーかレスラーがいる」というジョークがあるほど、格闘技の競技人口が多い。**中でも人気なのがカザフスタンの伝統競技である「クラッシュ」だ。ルールは柔道に似ているが、寝技、絞め技、関節技がなく、立ちからの投げ技のみで試合を行う。

オリンピックでもボクシングやレスリング、重量挙げといった競技でメダリストを多く輩出している。夏季五輪は1996年アトランタ大会以来毎回参加しているが、2016年のリオデジャネイロ大会までの6大会で獲得したメダルの数は、ボクシングで22個（うち金が7個）、レスリングで16個（うち金が1個）、重量挙げで10個（うち金が2個）にものぼる。

DATA 正式名称：カザフスタン共和国　首都：ヌルスルタン　面積：272万4,900km²　人口：1,860万人

110日目

キルギス

遊牧文化が色濃く残るキルギスの生活

ユネスコの無形文化遺産にも登録されたキルギスの組立て移動式住居「ジュルト」

キルギスは、国土全体が天山山脈とパミール高原の一部をなす**山岳の国で、古の時代から遊牧民が行き交い、シルクロードの要**とされた。キルギス人は伝統的な移動式住居「ジュルト」（ユルタ）に暮らし、季節ごとに移動しながら羊、馬、ラクダ、牛といった家畜を育てて遊牧生活を営んできた。

しかし、ソ連に加入していた19世紀後半に定住が進められて以降、生活様式は様変わりし、遊牧民は定住民となった。現在は綿花、ブドウなどを栽培する農業が盛んで、ジュルトは別宅や物置に使われるようになっている。それでも、遊牧文化は今も生活に色濃く残り、モンゴル、トルコ、ロシアなどの影響を残しつつ独自の風習を代々受け継いできている。

DATA 正式名称：キルギス共和国　首都：ビシュケク　面積：19万8,500km²　人口：650万人

アジア

111日目

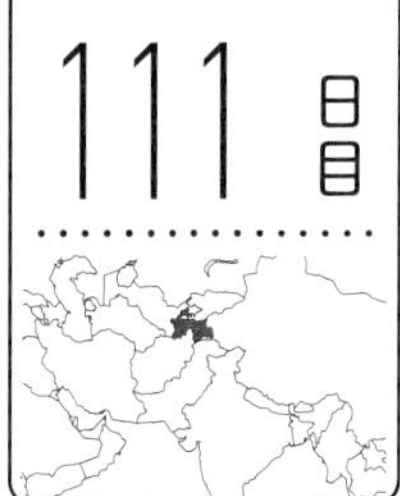

タジキスタン

教師はヒゲを伸ばしてはいけないという謎の決まりとは?

ヒゲのお手入れには注意が必要だ

2009年、タジキスタンの教育省が**「男性の学校教師はヒゲを伸ばしてはいけない。ただし50歳以上なら3cmまで伸ばしてもよい」**という指針を発表した。一体なぜこんな決まりがあるのだろうか?　タジキスタンはアフガニスタンと隣接しているため、イスラム過激派のタリバンがたびたび侵入しているが、タリバンに加わる人物は、ヒゲを伸ばしていることが多いからだという。隣国のウズベキスタンはさらに厳しく、一時期「ヒゲを伸ばした男性は即逮捕」という命令が出されたこともある。カザフスタンにはほかにも**「新年を祝うべからず」「誕生日は自宅だけで祝うべし」**といった根拠がはっきりしない禁止事項が存在する。

 DATA 正式名称:タジキスタン共和国　首都:ドゥシャンベ　面積:約14万3,100km²　人口:930万人

112日目

ウズベキスタン

東西文化の交差点「青の都」サマルカンド

アジア

サマルカンド・ブルーが美しい世界遺産シェル・ドル・マドラサのレギスタン広場

古来、シルクロードの要衝として栄えたウズベキスタンの古都サマルカンド。13世紀にモンゴル軍の侵攻で廃墟と化したが、英雄ティムールがこの地を甦らせ、一代で大帝国を築き上げた。ティムールは世界のどこにもない美しい都市を建設しようと、各地の遠征先から優れた技術者や芸術家、建築家を連れ帰り、モスクやマドラサ（イスラムの神学校）を建設させた。

これらの建造物を彩るのは**「サマルカンド・ブルー」と呼ばれる鮮やかな青色のタイル。この青色は、中国の陶磁器とペルシアの顔料を合わせて生み出されたもので**、サマルカンドが「文化交差路」といわれる所以にもなっている。「青の都」とも呼ばれるマルカンドは、2001年に世界遺産に登録された。

DATA 正式名称：ウズベキスタン共和国　首都：タシケント　面積：44万7,400km²　人口：3,350万人

アジア

113日目

トルクメニスタン

シルクロード最古の都市「さまよえる町」メルヴ

国立歴史文化公園"古代メルヴ"として、1999年に世界遺産に登録

トルクメニスタンの国土の約70%を占めるカラクム砂漠。その中にある**メルヴ・オアシスは、シルクロード最大にして最古のオアシス都市**だ。紀元前6世紀から18世紀にかけて、アレクサンダー大王からアケメネス朝、パルティア、ササン朝など各時代に栄枯盛衰を繰り返してきた。一般に都市が滅びると、その上に新たな都市が築かれることが多いが、メレヴの場合、**都市が滅びるたびに隣接する場所に新しい町が建造された。**

そのため時代の異なる遺跡が点在し、「さまよえる町」といわれている。イスラーム、ゾロアスター教、キリスト教、ユダヤ教、仏教など、多様な宗教遺跡もそのまま残されており、仏教遺跡の残る最西端の地としても知られている。

DATA 正式名称：トルクメニスタン　首都：アシガバット　面積：48万8,000km²　人口：590万人

ロシア
コーカサス地方

114日目

カスピ海

「カスピ海」は海か湖か? 長年にわたる論争の結末は…

カスピ海に面したアゼルバイジャンのバクー大通り

ロシア、アゼルバイジャン、トルクメニスタン、カザフスタン、イランに囲まれたカスピ海は、湖水が塩水であるため海と呼ばれてきたが、**湖と海では各沿岸国の権益が異なるため、20年以上にわたって沿岸5カ国が論争を繰り広げてきた。**カザフスタン、トルクメニスタン、アゼルバイジャンの沖合は石油や天然ガスの埋蔵量が豊富なことから、3国は海であると主張。海なら排他的経済水域として資源を独占できるからだ。一方、有望な油田がないイランは湖であると主張。湖なら資源は各国の共有財産となるからだ。しかし、2018年の首脳会議「カスピ海サミット」でイランが譲歩し、沿岸線に応じた領海の設定に合意。つまり、カスピ海は事実上「海」で決着したのだ。

黒海

黒海の水は黒いのか?
黄海、紅海、白海は?

ロシアのアナパで見られる日没時の黒海

黒海は、**古代ペルシア人が温暖で緩やかなペルシア湾に対して、北側の海を「黒く暗い海」と呼んだ**ことがその語源とされている。この海が黒っぽく見えるのは、プランクトンや藻類が豊富だからという説や、湖のように流れがほとんどないため、海底が酸素不足で硫化鉄が発生し黒い沈殿物を生成するからという説など諸説あるが、はっきりしていない。

色の名前がつく海はほかにもある。中国と朝鮮半島の間の黄海は、黄河から流れ込む大量の黄土によって水が黄色く濁る。アフリカとアラビア半島の間の紅海は通常青く澄んでいるが、時折褐色の珪藻が大発生して、海が赤褐色に変色する。ロシア南方の白海は、北国特有の曇り空によって海面が白く見える。

116日目

アゼルバイジャン

なぜ「火の国」と呼ばれるのか？

ロシア コーカサス地方

地下から噴出する天然ガスが燃えているヤナルダグ（燃える丘）

「火の国」の異名を持つアゼルバイジャン。かつてペルシア帝国の一部だったこの地域は、古代から天然ガスの埋蔵量が豊富で、いたるところでガスが地表に噴出して自然発火し、燃え続けていることからその名がつけられたという。人々は、雨が降っても風が吹いても消えなかったこうした火を崇め、イスラームが入ってくるまで、この地域はゾロアスター教（拝火教）の信仰を集めていた。

首都バクー郊外にある「ヤナルダグ」は、「火の国」アゼルバイジャンの象徴となっている場所だ。「ヤナルダグ」は「燃える丘」という意味で、**地表の割れ目から噴出した天然ガスが2000年以上絶えることなく燃え続けている。**

DATA 正式名称：アゼルバイジャン共和国　首都：バクー　面積：8万6,600km²　人口：1,000万人

117日目

アゼルバイジャン

実現するか? 世界一の超高層ビル計画

バクーのランドマークタワー「フレイムタワー」の夜景

帝政ロシアの支配下にあった20世紀初頭、アゼルバイジャンの首都バクーは世界の原油の半分を生産する一大産油地帯だった。30年前にソ連から独立した頃には、油田は枯渇したと考えられていたが、その後、**カスピ海バクー沖の油田開発に成功し、驚異的な経済成長を遂げた。**高層ビルの建設ラッシュに沸いたバクーは「第2のドバイ」とも呼ばれた。

バグー沖に人工島を作り、ドバイの「ブルジュ・ハリファ」(829.8m)、サウジアラビアの「ジッダ・タワー」(1008m／2021年現在建設中)を抜く、高さ1050mの超高層ビル「アゼルバイジャンタワー」を建てる計画だったが、2014年以降の原油価格暴落で経済が落ち込み、現在計画は頓挫している。

118日目

アルメニア

バラ色の凝灰岩が彩る首都エレバン

ロシア コーカサス地方

赤土の岩が見える渓谷に囲まれたノラヴァンク修道院

アルメニアの首都エレバンのおもな建物は、トゥフと呼ばれる凝灰岩で造られている。バラ色の石材が淡い色合いで街を彩っており、エレバンは「バラ色の街」とも呼ばれている。アルメニアは**火山が多い国土のため、火山灰が固まった良質なトゥフが豊富で、1000年以上も前に建てられた石造りの教会建築も多い**。また、ハチュカルと呼ばれるアルメニア正教の十字架石にもトゥフが使われている。

トゥフを使用した建造物で特に有名なのは、南部のヴァヨツ・ゾル地方にある「ノラヴァンク修道院」だ。アルメニアの建築家シラネスと彫刻家のモミックによって建造され、その美しさから「アルメニアの至宝」ともいわれている。

DATA 正式名称：アルメニア共和国　首都：エレバン　面積：2万9,800km²　人口：290万人

119日目

ジョージア

クレオパトラも愛したワイン発祥の地

クヴェヴリを土に埋めて醸造する伝統的なワイン造り

ジョージアはワイン発祥の地として知られている。日当たりの良い丘陵で育ったぶどうと、コーカサス山脈周辺のミネラルを含んだ水を使い、8000年前から醸造文化があるという。

ジョージアワインは「クヴェヴリ」という伝統的な製法で造られている。クヴェヴリとは素焼きの卵型の壺のことを指し、そのクヴェヴリに収穫してつぶしたブドウを入れて発酵させ、「マラニ」と呼ばれる石造りの蔵の地中に埋め込んで、一定の温度でブドウを再発酵させ熟成させていく。クヴェヴリ製法はユネスコ無形文化遺産にも登録されている。**ジョージアのワインはエジプトに伝わり、クレオパトラにも愛飲されたことから「クレオパトラの涙」**とも呼ばれている。

DATA 正式名称：ジョージア　首都：トビリシ　面積：6万9,700km^2　人口：400万人

120日目

ロシア・コーカサス地方

ジョージア

国の正式名称「サカルトベロ」ジョージアになった理由とは？

首都トビリシの「自由広場」に立つ記念碑「聖ゲオロギウスの像」

2015年に改正された法律により、日本では「グルジア」の表記が「ジョージア」に変更になった。同国の**現地語での正式名称は「サカルトベロ」で、ジョージアという名称は竜退治の伝説を持つ聖ゲオロギウスに由来する**。ゲオロギウス→ゲオルク（グルジア）→ジョージ（ジョージア）と、国や地方によって綴りや発音が変わりつつ、ゲオロギウスの名前が広がったという。グルジアはロシア語読みで、ジョージアは英語読みというわけだ。もともと国連加盟国の大多数がジョージアと呼び、グルジアとしていたのは日本や韓国、中国、旧ソ連の国々だけだったが、ロシアと武力衝突した旧グルジア政府から、ロシア語由来の呼称を変更する要請もあり、日本でも変更に至った。

121日目

ロシア

始発から終点まで1週間かかるシベリア鉄道

シベリア鉄道で停車中の寝台列車

ロシアは、ウラル山脈を挟んでユーラシア大陸に広がる国。広大な大地には世界最長のシベリア鉄道が横断していて、アジアとヨーロッパをつないでいる。この鉄道は、シベリア地方の植民・開発と極東における軍事力の強化を目的として計画され、1891年に着工。1916年にウラル地方のチェリャビンスクとウラジオストクとを結ぶ7416kmが全通した。

現在は他の路線も含め、**東端のウラジオストクから西の首都モスクワまでの全長約9300km、地球1/4周に匹敵する距離を7日間かけて運行している。**おもな機能は貨物輸送だが、旅客用としては、寝台車や食堂車を連結した「ロシア号」が1日おきに走っている。始発と終点の時差は、7時間にもなる。

DATA 正式名称：ロシア連邦　首都：モスクワ　面積：1,710万km^2　人口：約1億4,680万人

122日目

ロシア

300年で3度名前が変わったサンクトペテルブルク

荘厳に輝く「血の上の救世主教会」。1881年に暗殺されたロシア皇帝を追悼するため、事件現場に建てられた

サンクトペテルブルクは、モスクワに匹敵する歴史を持つ都市だ。**17世紀後半に帝位についたピョートル大帝は、西欧化した都市を目指してフィンランドに近い場所に新たな都市を建設した。**彼は自らの名の語源である聖人ペテロにちなんで、その都市を「サンクトペテルブルク」（ドイツ語で聖ペテロの都市という意味）とした。しかし、第一次世界大戦でドイツと対峙すると、ドイツ語の表記を嫌い「ペトログラード」に改められた。ロシア革命でソビエト連邦が成立すると、指導者であるウラジーミル・レーニンにちなんで「レニングラード」と改名された。この名称は半世紀続いたが、ソビエト連邦の崩壊を受けて、1991年に「サンクトペテルブルク」に再び戻された。

123日目

ロシア

ロシアが世界最大の国土を持つのはなぜ?

ピョートル大帝を表現した「青銅の騎士」

16世紀までのロシアは、ヨーロッパの国々と同じように征服と入植を繰り返して形成された。ロシアがシベリアや極東に向けて拡大を始めたのはイヴァン雷帝治世下の16世紀後半で、**17世紀末のピョートル大帝の時代には清とネルチンスク条約を結んで黒竜江の北のスタノヴォイ山脈まで領土を拡大した。**

現在、領土の77%が東部であることからも、シベリア征服によってロシアは最大の領土を持つ国になったのだ。領土拡大が容易だったのは、寒冷で住民が少なく、現地住民の抵抗が少なかったからだ。ロシア人が必要としたのは、ヨーロッパ人との貿易で価値のある毛皮等の品々だったため、安全を保障する代わりに毛皮製品などの形で住民に税を納めさせたという。

124日目

ロシア

かつてはシベリアにもライオンが棲んでいた!?

シベリアにある冬のバイカル湖。表面の自然な亀裂と氷の泡が美しい

ロシアの国土は、ウラル山脈より西のヨーロッパロシアと、東のシベリア、さらに東の極東ロシアの、大きく3つに分けられる。シベリアのほとんどは、一年の気温差が大きい亜寒帯（冷帯）に属し、冬は-30℃を下回り、夏には30℃近くになる日もある。地形は全体的になだらかで、そのほとんどがタイガ（北方性針葉樹林）と樹木の生えないツンドラで占められている。タイガの土壌は冬期の極端な低温によって永久凍土層を形成し、夏の短い期間に気温が上がることで樹木が成長できる環境が保たれているという。近年、**シベリアでは広範囲で永久凍土の融解が進み、マンモスやオオカミ、子犬、絶滅したホラアナライオンなどが凍った状態で見つかっている。**

125日目

ロシア

モスクワに劇場が多いのはなぜ?

ボリショイ劇場前で行われるクリスマスのインスタレーション

チャイコフスキーによる三大バレエ「白鳥の湖」「眠れる森の美女」「くるみ割り人形」をはじめ、**ロシアはバレエやクラシック音楽の盛んな国**だ。

冬が長く寒さの厳しいモスクワでは、人々の娯楽として屋内で行われるエンターテインメントが発展してきた。また、18世紀以降の欧化政策の中で、フランスのロマンティック・バレエを継ぎ、現代クラシック・バレエと呼ばれる新しいバレエが発展。ロシア皇帝はバレエ学校を設立するなどしてバレエを庇護するとともに、劇場にも公的な援助を行った。オペラと演劇の公演を行うボリショイ劇場や、モスクワ最古のドラマ劇場・マールイ劇場など、現在でも国立として運営される劇場も多い。

126日目

ロシア

世界で一番寒い都市 オイミャコン

世界で最も寒い人が住む町オイミャコンの森

ロシア、シベリア東部に位置するサハ共和国のオイミャコン村は、世界一寒い村として知られている。**1月の平均気温が-50℃で、過去には-72℃を記録**したこともある。この村には約500人の住民が生活しており、世界で最も寒い居住地としてギネスブックにも登録されている。地球上では高緯度になるほど寒くなるが、北極は周りを海に囲まれているため、内陸部に位置するオイミャコンのほうが気温は下がりやすいのだ。また、永久凍土であることと、1年の半分以上がシベリア気団の影響を受けることも、世界一の寒さの要因になっている。ちなみにオイミャコンには夏の季節もある。最高気温が30℃を超える日もあり、一日中太陽が沈まない白夜も起こる。

127日目

ロシア

多くの宇宙飛行士を送り出す宇宙開発大国

VDNKh 公園に展示されている人類初の有人宇宙飛行を行った宇宙船「ボストーク」

1957 年に世界初の人工衛星スプートニク 1 号を打ち上げ、61 年にはガガーリンが史上初の有人宇宙飛行に成功するなど、ロシアは宇宙開発を牽引してきた。一方アメリカは 58 年に NASA を設立し、ソ連との宇宙開発競争に乗り出した。当初はソ連がリードしていたが、69 年に米のアポロ 11 号が世界初の有人月面着陸に成功すると競争は緩やかになり、75 年の米ソ共同アポロ・ソユーズテスト計画で、競争から協力に舵を切った。2011 年に米のスペースシャトルの運用が終了し、国際宇宙ステーションへの宇宙飛行士の輸送はロシアのソユーズロケットが一手に引き受けてきたが、20 年に米の民間企業が宇宙船クルードラゴンの運用に成功。宇宙開発は新時代に入った。

128日目

ロシア

バルト海に面した飛地領 カリーニングラード

バルト海に面した不凍港
「カリーニングラード港」

バルト海沿岸の**カリーニングラード州はリトアニアの南、ポーランドの北に位置するが、どちらの国でもなくロシア領の一部**。つまりロシアの飛地だ。世界的な琥珀の産地で、2018年FIFAワールドカップの開催都市の一つとしても知られる。

この土地は昔からロシア人の土地だったわけではなく、第二次世界大戦以前はケーニヒスベルグというドイツ風の地名で呼ばれ、住民の多くもドイツ人だった。大戦でドイツが敗れ、戦勝国であるソ連の統治下に入ったのだ。その後、ソ連は崩壊し、バルト海沿岸の諸国は独立を果たしたが、カリーニングラードはロシア領のまま残された。ロシアにとって3つしかない外洋の出口であるため、現在でも軍事拠点となっている。

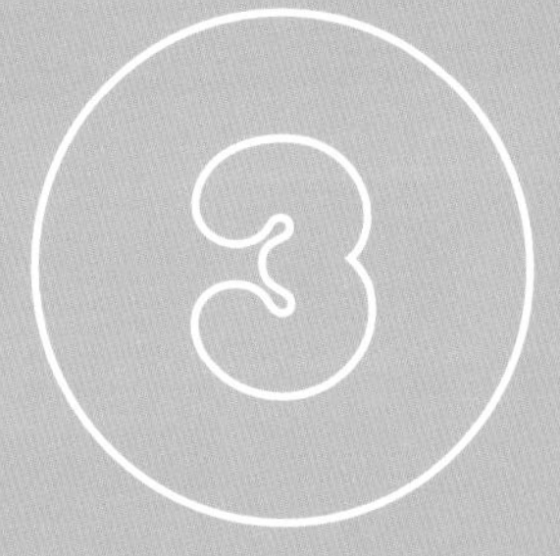

ヨーロッパ

129日目

エストニア

投票も納税もオンラインで完結 世界有数のIT先進国

IT先進国エストニアの美しい街並み「タリン旧市街」

世界最先端の電子国家として注目を集めるエストニア。インターネット電話サービス「Skype」発祥の地であるほか、ITは行政にも浸透し、電子投票や納税をはじめ、ほとんどのサービスがオンラインで完結できる。また、外国人向けの電子国民制度「e-Residency」を提供し、ネット上で会社設立が可能だ。

1991年にソ連から独立を果たした際、国を立て直すための施策の一つがITインフラだった。エストニアは長年にわたって他国から侵略を受けてきたため、領土を失ったとしても国家情報を再生できるよう電子政府化を推し進めてきたのだ。現在は欧州屈指のセキュリティー国家ともいわれ、世界の先進国がIT化や強固な情報セキュリティーを参考にしている。

 DATA 正式名称：エストニア共和国　首都：タリン　面積：4.5万km²　人口：約133万人

130日目

ラトビア

「バルトのヴェルサイユ」と呼ばれるルンダーレ宮殿

ルンダーレ宮殿は見事なバロック様式の宮殿

古代から東西、南北の交通が交差する要所で、現在でも中世ヨーロッパを感じられる国として知られるラトビア。特に首都リガは「バルト海の真珠」と称される美しい街で、中世の趣を残す旧市街は世界遺産にも認定されている。

ラトビアは文化的・歴史的にゼムガレ、ヴィゼメ、クルゼメ、ラトガレの4つの地域に分けられ、南部のゼムガレには豪華な宮殿や遺産が豊富にある。中でも有名なのが1740年に建てられた「ルンダーレ宮殿」で、バロック様式の豪華な建物と美しいフランス式庭園があることから「バルトのヴェルサイユ」ともいわれている。庭園内には広さ9000㎡のローズガーデンがあり、1万2000種にも及ぶバラが栽培されている。

DATA 正式名称：ラトビア共和国　首都：リガ　面積：6.5万km²　人口：193万人

131日目

リトアニア

世界最古のお酒 蜂蜜酒「ミード」の産地

トラカイ城。周辺にはガルヴェ湖など、多くの湖沼が点在し、歴史国立公園として保護されている

リトアニアは国土の大部分が農地と森林で、4000以上もの湖が存在する「森と湖の国」として知られている。良質な蜂蜜の産地で、ミツロウキャンドルや蜂蜜ビール、蜂蜜ケーキなど、蜂蜜を使った特産品も多い。中でも有名なのが蜂蜜のリキュール「ミード」。リトアニアはミネラルウォーターの採水地でもあり、豊富な天然水はおいしいミード造りには欠かせない。

蜂蜜酒は世界最古のお酒といわれ、その起源は紀元前7000年に遡る。最も古いものでは蜂蜜に果汁を混ぜて発酵させていたことがわかっている。また、中世ヨーロッパでは新婚夫婦が満月の夜にミードを飲むと子宝に恵まれると信じられており、ハネムーンの語源になったともいわれている。

DATA 正式名称：リトアニア共和国　首都：ビリニュス　面積：6.5万km²　人口：約279.0万人

132日目

ベラルーシ

チェルノブイリ原発事故で最も多くの被害を受けた国

チェルノブイリ原発事故によって荒廃したベラルーシにある村の家

1986年、チェルノブイリ原子力発電所事故が発生した。原発の所在地は現在のウクライナ国内だが、事故で最も多くの被害を受けたのが、隣国ベラルーシ。**放射線物質の7割がベラルーシに降下し、国土の約23%が汚染された**といわれる。

約30年が経過した現在も、原発から半径30km以内の地域での居住は禁止され、北東へ向かって約350kmの範囲内には高濃度汚染地域が約100カ所にわたって点在し、同地域では農業や畜産業などが全面的に禁止されている。最も被害が甚大だったのは南東部ホミェリ州を中心とする地域で、事故発生当時、南風にのって放射性物質が国境を越えて飛散、降下したといわれている。

DATA 正式名称：ベラルーシ共和国　首都：ミンスク　面積：20万7,600km²　人口：約940万人

ウクライナ

肥沃な黒土地帯が分布する「ヨーロッパのパン籠」

ウクライナの国旗と
首都キエフの街並み

ウクライナには肥沃な黒土地帯が広がり、小麦の生産量が豊富なため「ヨーロッパのパン籠」と呼ばれる。国旗の青色は空を黄色は小麦を象徴し、実り豊かな農業を表している。

「チェルノーゼム」と呼ばれる黒い土壌は、養分が豊富でバランスがよく、作物の栽培に適している。土が黒いのは、枯れ草などの有機物を微生物が分解したあとに残る「腐植」という物質が多いからだ。腐植は養分を蓄える力を持っており、土を豊かにする。黒い土ができる大きな理由は気候だ。ウクライナは雨が少ないため森よりも草原が多い。草は秋になると枯れて土に戻るが、冬には雪が土を覆うために分解はゆっくり進み、土の中に養分が残りやすいのだ。

 DATA 正式名称：ウクライナ　首都：キエフ　面積：60万3,700km²　人口：4,205万人

モルドバ

ルーマニア語とモルドバ語 ほぼ同じでもなぜ呼び名が違う？

ドニエストル川東岸に未承認国家
「沿ドニエストル共和国」がある

モルドバは隣国のルーマニアとほぼ同じ文化を持つ。ルーマニア語とモルドバ語も、ラテン文字で書くかキリル文字で書くかの違いだけ。呼び名の区別は政治の判断によって生み出されたものだ。モルドバは1940年にモルダビア・ソビエト社会主義共和国としてソビエト連邦の一共和国になったが、このとき、ルーマニアと分断させるためにモルドバ語が生み出された。

その後、1991年にソ連から独立してモルドバ共和国となったとき、モルドバはモルドバ語の文字をキリル文字からラテン文字に変更し、**公用語をルーマニア語**にした。しかし、モルドバ領内にあり、ルーマニア化に反対する未承認国家「沿ドニエストル共和国」では、いまだにモルドバ語を公用語としている。

DATA 正式名称：モルドバ共和国　首都：キシニョフ　面積：3万3,843km²　人口：268.2万人

135日目

モルドバ

世界最古の採掘場 ヴィエリチカ岩塩抗

世界で最初に世界遺産に登録された場所の一つでもある「ヴィエリチカ岩塩抗」

モルドバの「ヴィエリチカ岩塩坑」はヨーロッパ最古の採掘抗の一つ。13世紀に始まった採掘は700年以上続き、深さ300m以上、総延長300km以上に達する坑道が、地下9層にわたって広がっている。このうち地下3層135mまでが一般に公開され、約3.5 kmの見学ルートが設けられている。一番の見どころは、深さ約100m地点にある「聖キンガ礼拝堂」。階段、祭壇、壁に彫られたレリーフ、シャンデリアなどは、一見美しいクリスタル芸術のように見えるが、全て岩塩でできた塩の彫刻だ。14世紀には国家財源の30%を占め、ポーランド王国の最盛期を支えたとされるヴィエリチカ岩塩坑だが、1996年に商業採掘を中止。現在は観光地として賑わっている。

ポーランド

壁のヒビ1本まで再現された復興の街・ワルシャワ

戦争による破壊で消えてしまった街が、市民の手で再建されて世界遺産となったワルシャワ歴史地区

ポーランド王国時代の1611年に首都となったワルシャワは、「北のパリ」と呼ばれる芸術・文化の都だった。中世ヨーロッパの美しい街並みの残旧市街があり、中心の広場は活気のあるマーケットになっていたが、第二次世界大戦中にナチスドイツによる激しい攻撃で、旧市街の85%以上が破壊された。しかし戦後、首都の復興にかけるワルシャワ市民の情熱が、この街並みをみごとに復元した。**復元・修復作業は、戦前に記録された詳細な図面や写真、風景画などを用いて「壁のヒビ1本」にいたるまで再現**されたといわれている。市内に点在する複数の宮殿群を含む地域は「ワルシャワ歴史地区」と称され、1980年、世界遺産に登録された。

DATA 正式名称：ポーランド共和国　首都：ワルシャワ　面積：32.2万km²　人口：約3,839万人

137日目

チェコ

1人あたりのビール消費量世界一 水よりビールが安い国

プルゼニュにあるビール醸造博物館。ビールができあがるまでをわかりやすく学ぶことができる

国全体のビール消費量が多いのは中国やアメリカだが、1人あたりの消費量では26年連続でチェコが1位だ。2018年の年間消費量は191.8L、大瓶で303本に及ぶ。ミネラルウォーターよりもビールの価格のほうが安く、500mlで100円ほどだという。チェコで初めてのビール醸造所は993年に建てられたプラハのブジェブノフ修道院だといわれる。本格的には、ハプスブルク家の影響を受けて1795年に南部のチェスケブジェヨビツェで始まり、これは後にアメリカの「バドワイザー」の元祖になった。チェコのビールは、金色に透き通ったピルゼン産の「ピルスナー」が世界的に知られており、日本の淡色ビールも多くがこのスタイルだ。

 DATA 正式名称：チェコ共和国　首都：プラハ　面積：7万8,866km²　人口：1,069万人

138日目

チェコ

各時代の歴史的建造物が残る建築博物館の街・プラハ

プラハのプラハ城とモルダウ川。モルダウ川の観光クルーズで、プラハの街を観光できる

千年以上の歴史があり、神聖ローマ帝国の都としても栄えたチェコの首都プラハは、中世の風景をとどめる美しい街で「ヨーロッパの魔法の都」「百塔の街」「黄金の都」など、数々の異名を持つ。

ロマネスク、ゴシック、ルネッサンス、バロック、ロココから近代建築にいたるまで、ほぼ全年代の建築様式の歴史的建造物が残っているため、街全体が「建築博物館」とも呼ばれ、世界遺産にも登録されている。これほど多くの歴史的建造物が残ったのは、二度の世界大戦、プラハの春など激動の時代を繰り返しながらも大きな被害を受けなかったことと、社会主義政権下であったため開発の荒波を受けなかったためだ。

139日目

スロバキア

1人あたりの生産台数は世界一 EU圏トップクラスの自動車生産国

フラデツ・クラーロヴェーの中心にある大きな広場は駐車場を兼ねている

1993年にチェコスロバキアから分離・独立したスロバキア。それまではチェコが工業地帯の都会なのに対して、スロバキアは農業地帯というイメージが強かったが、独立以降、スロバキアは自動車産業を中心に急速な工業化を成し遂げた。

自動車生産ではEU圏のトップクラスで、フォルクスワーゲン、プジョー、KIA、ジャガー・ランドローバーなど多くの外資系企業がスロバキアに大工場を構え、乗用車の組み立てを行っている。2015年以降、自動車の年間総生産台数は毎年100万台を超え、**2019年は人口1000人あたりの自動車生産台数が202台で、この数値は世界一だ**。現在、自動車産業はスロバキアの工業生産の約半分を占める重要な産業になっている。

 DATA 正式名称：スロバキア共和国　首都：ブラチスラバ　面積：4万9,037km²　人口：545万人

140日目

ハンガリー

豊富な温泉が選手を育てる!? 水球の強豪国

ブダペストにあるセーチェーニ温泉。国内外から多くの湯治客が訪れる

ヨーロッパ

ハンガリーは海のない内陸国にもかかわらず、ウォータースポーツが盛んだ。特に国技の水球が強く、プロリーグも有する。夏季五輪では、2000年のシドニー大会から2008年北京大会までの3連覇を含め、9回も金メダルを獲得している。

ハンガリーで水球が盛んな理由の一つは、温泉を利用した温水プールの存在だ。じつはハンガリーは、**日本と並ぶ世界有数の温泉大国で、全土には約1300の源泉、400を超える温泉施設がある**。豊富な温泉を利用した温水プールも多く存在し、首都ブダペストにはこうした温水プールが約50カ所あるという。また、どのスポーツクラブもスイミングスクールを開設していることから、水球に親しめる環境が整えられているのだ。

DATA 正式名称：ハンガリー　首都：ブダペスト　面積：約9.3万km² 人口：約980万人

141日目

ハンガリー

現地語では「マジャルオルザーク」その国名の由来とは?

かつての王宮だったブダ城。他国からの攻撃や火災による破壊と再建を繰り返してきた

ヨーロッパ

ハンガリーは、アジアから渡ってきた民族が定住した国で、独自の言語を使用している。ハンガリー人は自らを「マジャル人」といい、国名も「マジャルオルザーク」(マジャル人の国という意味)としているが、日本はもとよりヨーロッパの他の民族からもハンガリー、ハンガリー人と呼ばれている。

ハンガリーの由来には2つの説がある。日本では、4世紀に侵入したフン人の「Hun」に、人を意味する「gari」がついたという紹介が多いが、国際的には7世紀に現れたトルコ系のオノグル人(Onugur)が起源というのが有力だ。オノグルは十本の矢(十部族)を意味し、これが「ウンガーン(Ungarn)」というドイツ語になり、ハンガリーに変化したという。

142日目

ドナウ川

全長2860kmの国際河川 欧州10カ国を流れるドナウ川

ドナウ川にかかるチェーンブリッジと奥に見えるハンガリー国会議事堂

ヨーロッパ

　ヨーロッパで２番目に長いドナウ川は「母なるドナウ」と呼ばれ、世界中の人々から親しまれている。全長は2860kmに及び、ドイツ、ハンガリー、セルビア、クロアチア、オーストリア、スロバキア、ルーマニア、モルドバ、ウクライナ、ブルガリアと、**ヨーロッパ10カ国をまたぐ国際河川**としても知られている。

　ドナウ川はドイツ南西部のバーデン地方にあるドナウエッシンゲンの黒い森（シュヴァルツヴァルト）を水源として南東方向に流れ、河口に広がるドナウ・デルタから黒海に流れ込む。オーストリアのウィーン、ハンガリーのブダペストなど、ドナウ川によって繁栄した町が首都となっている国も多い。

143日目

ルーマニア

魔女が職業として認められている国

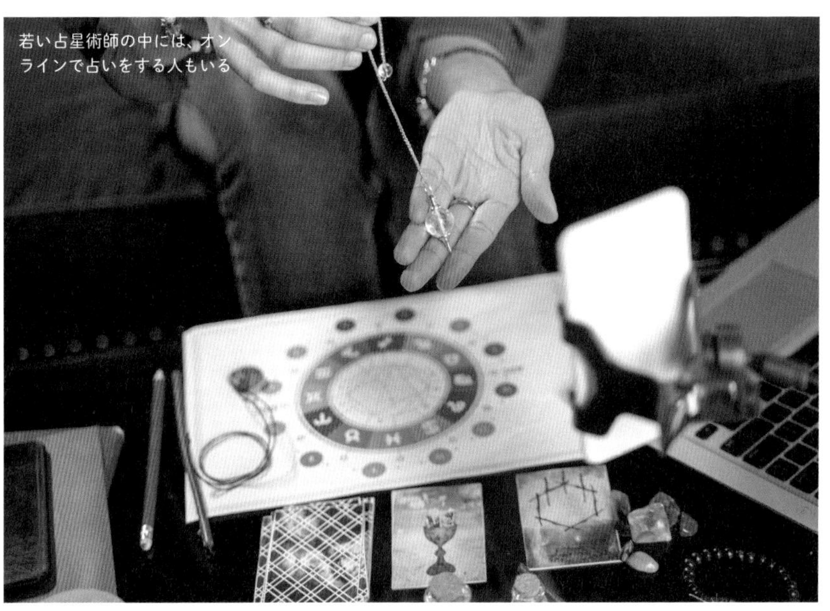
若い占星術師の中には、オンラインで占いをする人もいる

ルーマニアでは、ウィッチクラフト（魔女文化）が数世紀の歴史を持ち、現代でも魔女が存在する。内実は占いや霊感を売りにした呪術師や占い師だが、2011年には魔女たちからの徴税を見込んで労働法が改正され、魔女が職業として認められるようになった。この改正により、魔女になるには役所に営業許可を申請し、所得額に対して16%の所得税を納めることが義務づけられた。また、個人事業主として健康保険への加入や年金制度への加入も義務づけられている。

有名な魔女のもとには世界中から依頼が殺到するといい、最近ではオンラインで占いをしたり、呪術の儀式を行ったりすることもあるという。

ヨーロッパ

DATA 正式名称：ルーマニア　首都：ブカレスト　面積：約23.8万km²　人口約1,941万人

144日目

ルーマニア

独裁政治が生んだ悲劇 赤い湖に飲み込まれたジャマナ村

ルーマニアにあるジャマナ村の汚染された湖「血の湖」

ルーマニア北西部にあるジャマナ村は、かつて美しい自然が広がる土地だったが、大規模な環境破壊により廃村となってしまった。事の発端は、1977年に始まった巨大な地下採掘場の開発だ。これは、当時のルーマニア政権のトップ、ニコラエ・チャウシェスク大統領の独裁的な方針によるものだった。

採掘場からは貯蔵が必要な有毒廃棄物が大量に排出された。設備には莫大な資金が必要とされたため、ジャマナ村の住民を強制的に立ち退かせ、村に廃棄物を流出させた。谷間に位置するジャマナ村は、廃棄物の受け皿に最適と判断されたのだ。その結果、村は猛毒が含まれる赤い汚染水や泥に埋もれ、有毒ガスも発生する汚染湖へと変わってしまった。

145日目

ブルガリア

ブルガリア=ヨーグルトのイメージを定着させた商品とは?

ブルガリアには、ヨーグルトを使った冷たいスープ料理「タラトル」もある

ヨーロッパ

ブルガリアといえばヨーグルトを連想するが、そのイメージを定着させたのは株式会社明治が販売する「明治ブルガリアヨーグルト」だ。この商品が生まれたきっかけは、1970年に開催された大阪万博。明治の社員がブルガリア館でヨーグルトを試食し、感銘を受けたことで開発が始まったのだという。

1971年の発売当時は「ブルガリア」の国名を商品に使うことが許可されず、「明治プレーンヨーグルト」という名称だった。しかし、ブルガリアから輸入したブルガリア菌を使用していることから「本場のヨーグルトを日本の食卓へ届けたい」という熱意を伝え続けた結果、1972年にブルガリア政府から国名使用が許諾され「明治ブルガリアヨーグルト」が誕生した。

 DATA 正式名称：ブルガリア共和国　首都：ソフィア　面積：11.09万km²　人口：698万人

146日目

ブルガリア

首を縦に振るのは「いいえ」のしるし!?

世界でも珍しいボディランゲージ。慣れないと会話もひと苦労!?

海外では、言葉が通じなくてもジェスチャーでやりとりすることで意味が伝わることもあるが、同じ身振りのジェスチャーでも国によって意味が全く異なることがあるので注意が必要だ。

たとえばブルガリアでは「はい（肯定)」と「いいえ（否定)」を表現するとき、首の振り方が日本とは逆だ。「はい」では首を横に振り、「いいえ」では首を縦に振るのだ。この動作の由来は、その昔ブルガリアの王様が喉元に剣を突きつけられ、敵に返事を迫られたときに「ダ」(ブルガリア語で「はい」の意味）といいながら首を横に振ったことだといわれている。世界では、ブルガリアのほかインドやパキスタンでも肯定の意味で首を横に振るという。

147日目

ギリシャ

パルテノン神殿はカラフルな極彩色だった!?

紀元前430年頃に建設されたアテネを代表するパルテノン神殿。1987年に世界遺産登録

パルテノン神殿といえば「白亜の神殿」の印象が強いが、じつは極彩色に装飾されたカラフルな神殿だったという。

白いイメージが生まれた発端は、19世紀にイギリスの外交官がパルテノン神殿から削り取って持ち帰り、大英博物館に売却した彫刻群にある。当時の歴史学者たちはくすんだ色の彫刻を見て、本来は白かったはずだと考えていた。そこで大英博物館の職員が金属のタワシで表面をこすって清掃したが、結果、彫刻の多くが削れてしまった。この失態を隠すために表面を白く着色する偽装工作を行ったのだ。ヨーロッパでは18世紀半ばからギリシャブームが起こり、ギリシャ文明は白い文明として理想化されていたため、その印象が植えつけられていたのだ。

DATA 正式名称：ギリシャ共和国　首都：アテネ　面積：13万1,957km²　人口約1,074万人

148日目

ギリシャ

徹底した女人禁制を布く ギリシャ正教の聖地アトス

多くの修道院があり、聖山と呼ばれるアトス山

エーゲ海に突き出た細長い半島にそびえるアトス山は、ギリシャ正教最大の聖地。ギリシャから「アトス自治修道士共和国」として治外法権と自治が与えられており、大小20の修道院で約2000人の修道士が祈りを捧げる生活を送っている。

1406年から女人禁制が布かれ、ネズミを捕る猫以外は動物も雌不可という徹底ぶり。修道士たちにとっては聖母マリアだけが唯一の女性だという。アトスへは船でしか入山できず、観光用のクルーズ船もあるが上陸できるのは男性だけで、女性を乗せた観光船は岸から500m以内に近づくことができない。欧州議会は「女人禁制は人権無視である」として撤廃を要請しているが、国の価値観、信仰に反するとして受け入れていない。

149日目

マルタ

マルタストーンで蜂蜜色に輝く要塞都市バレッタ

聖ヨハネ騎士団によって建てられた教会「聖ヨハネ大聖堂」。内部は絵画や黄金色の装飾で覆い尽くされている

マルタ共和国は、3つの島からなる地中海の小さな島国。首都バレッタは「ルネッサンスの理想都市」といわれる美しさを兼ね備えた石造りの要塞都市で、街全体が世界遺産に登録されている。後期ルネッサンスのイタリア人建築家が手がけた「聖ヨハネ大聖堂」が代表的建築物だ。

街の美しさを支える建造物は「マルタストーン」と呼ばれる蜂蜜色の石灰岩で造られている。日差しを浴びると、街を取り囲む城壁や教会などの大型建築物、ガラリアという突き出たバルコニーが特徴の家々など、街全体が蜂蜜色に輝く。その反射は路地裏まで届き、まるで宝石のような黄金色に輝くことから「地中海の宝石」とも呼ばれている。

DATA 正式名称：マルタ共和国　首都：バレッタ　面積：316km²　人口：約51万人

150日目

アルバニア

首都ティラナにある別名「マザー・テレサ空港」

マザー・テレサにちなんで、アルバニア人は「マザー・テレサ空港」と呼ぶ

ヨーロッパ

海外ではその国の偉大な人物の名前を空港名にしていることが多い。パリの「シャルル・ド・ゴール空港」、ローマの「レオナルド・ダ・ヴィンチ空港」、ベネチアの「マルコ・ポーロ空港」など、空港を見ればその国で誰が親しまれているかがわかる。アルバニアの首都にある「ティラナ国際空港」も、通称「マザー・テレサ空港」と呼ぶ。幅広い救貧活動で1979年にノーベル平和賞を受賞したマザー・テレサは、アルバニア出身だ。アルバニアが社会主義の時代には宗教が禁止されていたため、祖国では評価されていなかったが、**1990年以降改革開放が進められていく過程で、アルバニア政府はマザー・テレサに市民権を授与**。現在では国民の誇りとして称えられている。

DATA 正式名称：アルバニア共和国　首都：ティラナ　面積約2万8,700km²　人口：約286万人

151日目

北マケドニア

国名をめぐる隣国ギリシャとの長い対立

スコピエの中心部の広場に立つアレキサンダー大王を模した像と北マケドニアの国旗

ヨーロッパ

マケドニア王国が衰退して以降、この地はさまざまな国に支配された。20世紀に入り、バルカン戦争でギリシャとセルビアに分割されると、セルビアに分割された地域はユーゴスラビア社会主義連邦共和国の一つとなり、1991年のユーゴ解体に伴って「マケドニア共和国」として独立した。しかし「マケドニアという名称はギリシャの歴史に由来する」とギリシャが反発。「マケドニア旧ユーゴスラビア共和国」という暫定名称を使用することになった。その後、論争は27年間続いたが、ギリシャによる反対で叶わなかったEUとNATOへの加盟実現のためにマケドニアが関係改善に乗り出し、**2018年「北マケドニア共和国」に改称**することで合意。翌年正式に承認された。

DATA 正式名称：北マケドニア共和国　首都：スコピエ　面積：2万5,713km²　人口：208万人

152日目

コソボ

2008年に独立を宣言 ヨーロッパで最も新しい国

首都プリシュティナにあるユニークな現代建築「コソボ国立図書館」

ヨーロッパ

1980年代、旧ユーゴスラビア連邦を構成するセルビア共和国の中のコソボ自治州は、ムスリムのアルバニア系住民が多かったため、スラブ系民族でセルビア正教会が多数派であるセルビアからの分離独立を求める声が強くなった。90年には「コソボ共和国」の樹立と独立を宣言したが国際的な承認は得られず、96年以降のコソボ解放軍とセルビア軍による武力闘争、いわゆるコソボ紛争の後、**2008年にコソボ共和国は独立を宣言した**。2020年9月現在、コソボ共和国を国家として承認する国は約100カ国。セルビアを支持するロシアのほか、民族問題を抱える中国やスペインは未承認だ。国内での少数民族の分離独立運動の機運を高めないように、反対の立場なのだ。

DATA 正式名称：コソボ共和国　首都：プリシュティナ　面積1万908km²　人口：179.4万人

153日目

セルビア

首都ベオグラードを走る黄色いバス「ヤパナッツ」

ベオグラードのバスターミナルに停まる黄色いバス。日本とセルビアの友好の印

ヨーロッパ

セルビアの首都ベオグラードには、日本政府が提供した93台の黄色いバスが走っており、現地では親しみを込めて、セルビア語で日本人を意味する「ヤパナッツ」と呼ばれている。これは1990年代、旧ユーゴ紛争と国際社会による経済制裁で疲弊していたセルビアに対し、2003年に日本政府が無償資金協力によってベオグラード市に寄贈したものだ。

セルビア・日本両国間の支援関係はこれにとどまらない。2011年の東日本大震災発生時には、セルビア政府がいち早く対日支援を行ったほか、セルビア国民から多くの義援金が寄せられた。その金額は欧州1位。国民数や平均月収4万円という経済事情を考えると、身を削って支援してくれたことになる。

DATA 正式名称：セルビア共和国　首都：ベオグラード　面積：7万7,474km²　人口：約700万人

154日目

モンテネグロ

モンテネグロで最初に日が昇るJAPAN（ヤパン）村

モンテネグロのJAPAN村と日本とのつながりについて、TVのクイズ番組でも紹介され、注目された

バルカン半島の沿岸部にあるモンテネグロは、人口わずか62万人、面積は福島県と同じくらいの小国だ。**東部のアンドリイェビツァ自治体には「JAPAN（ヤパン）村」（ヤパンはモンテネグロ語で「日本」の意味）という村**がある。モンテネグロで最も早く日が昇るため、極東の国である日本にちなんで「ヤパン村」とついたという説など、その地名の由来には諸説ある。2011年3月11日に発生した東日本大震災に際しては、モンテネグロ政府は3月17日、10万ユーロの義援金等拠出による対日支援を発表した。またヤパン村もその村の名前の縁により、1万ユーロの義援金拠出を決定。義援金のお礼として、日本からはヤパン村に桜の木が送られた。

ボスニア・ヘルツェゴビナ

民族紛争の望まぬ遺産 1つの屋根の下に2つの学校

この国の建物には戦争の傷跡が生々しく残る

ヨーロッパ

ボスニア内戦が終結してから四半世紀経つが、いまだに民族の分断が続いている。その最たる例が「1つの屋根の下に2つの学校」として知られる教育制度だ。和平合意は民族の居住地域の区分けで成り立っているが、それがかえって亀裂を生んでいるのだ。トラブニク市にある学校は、校舎の真ん中が金網フェンスで仕切られ、生徒は民族別に異なる教科書と言語で学んでいる。郊外に住み、大半がカトリック教徒であるクロアチア人は校舎の右側半分で授業を受け、市内に住むボシュニャクと呼ばれるイスラム系住民は左側半分の教室で受ける。学校は、カトリック教会が建物を所有して右側半分の教室を運営し、左側半分は国が管理運営する国立高校になっているという。

 DATA 正式名称：ボスニア・ヘルツェゴビナ　首都：サラエボ　面積：5.1万km^2　人口：332.3万人

156日目

クロアチア

兵士のスカーフから始まった ネクタイ発祥の地

首都ザグレブにあるネクタイ専門店。お土産品としても人気

クロアチアは、ネクタイ発祥の地として知られている。きっかけは1618年に勃発した30年戦争だ。このとき、クロアチアの兵士は、恋人や妻から贈られたスカーフをお守りとして首に巻いていた。そのスタイルが、ファッションに敏感なフランスのルイ14世の目にとまり、気に入って同じものを作らせたといわれている。やがて、フランスの上流社会に紹介されると、洗練された優美なものとして徐々に市民のファッションにも取り入れられるようになり、ヨーロッパ全域に伝わった。

フランス語でネクタイを指す「クラヴァット」(Cravat)という言葉は、「クロアチア人」を意味する「クロアト」(Croat)に由来している。

DATA 正式名称：クロアチア共和国　首都：ザグレブ　面積：5万6,594km²　人口：406.8万人

157日目

スロベニア

水が満ちたり消えたりするスロベニア最大の湖

石灰岩で覆われ、カルスト地形が発達したシュコツィアン洞窟群の全景。1986年に世界遺産に登録

スロベニアは国土の4割が石灰岩に覆われ、南西部のカルスト地方は「カルスト地形」という言葉の語源にもなっている。

石灰岩は雨水に溶けるため複雑な地形が生まれやすく、「消える湖」として知られるツェルクニツァ湖は、夏の渇水期には干上がって放牧地に変貌し、秋に激しい雨が降ると、わずか1日で湖が再現される。湖は地下にある貯水池と、多数の開口部を通してつながっている。このいくつかは湖面より水位が高く、ほかは湖面より水位が低い。夏、流入量が少ないときは水がより低水位の地下洞貯水池に排水され、湖には残らない。秋に雨が降ると、より高所にある貯水池が満水になり、地下水路を通じて湖へ水が回る。こうして湖は急速に水量を回復するのだ。

ヨーロッパ

DATA 正式名称：スロベニア共和国　首都：リュブリャナ　面積：2万273km²　人口：約206万人

158日目

オーストリアは「東の国」オーストラリアは「南の国」

似ているため混同されがちの国名だが、その由来は全く異なる

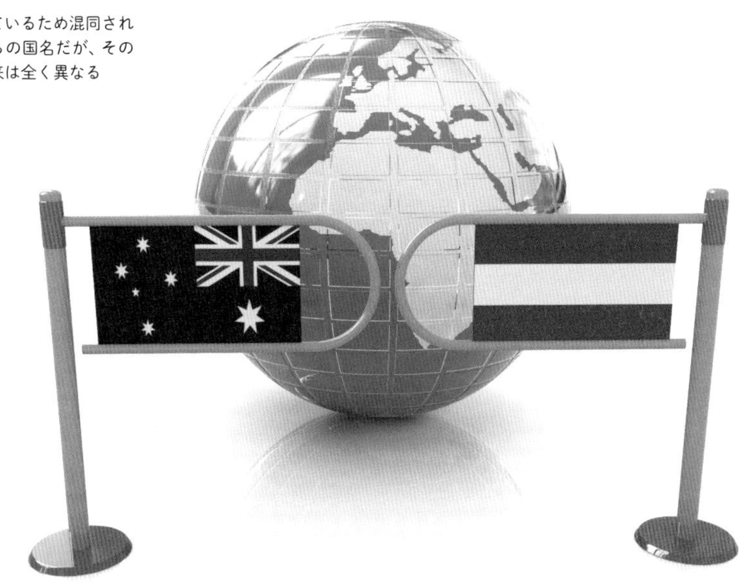

オーストリアとオーストラリア、国名は似ているがその由来は全く違う。オーストリアはドイツ語が語源で「東の国」、オーストラリアはラテン語が語源で「南の国」という意味だ。

オーストリアはドイツ語でオステルライヒ（Österreich）という。オスト（Öst）は東、ライヒ（reich）は国を意味する。8世紀にこの地方がフランク王国の領土になったとき、王国の東に位置したことからこう呼ばれた。一方のオーストラリアは、古代ギリシャの伝説上の大陸であるテラ・アウストラリス（Terra Australis）に由来する。テラ（terra）は大陸、アウストラリス（australis）は南を意味するラテン語だ。19世紀にイギリスがこの大陸を植民地にした際に命名された。

DATA 正式名称：オーストリア共和国　首都：ウィーン　面積：約8.4万km²　人口：約880万人

159日目

オーストリア

塩=ザルツが支えたオーストリアの繁栄

ヨーロッパ

真珠にたとえられるほどの美しさを誇るハルシュタット湖畔の町

オーストリアには、ザルツブルク、ザルツカンマーグートなど「ザルツ」がつく地名がいくつかある。ザルツはドイツ語で「塩」を表し、ザルツブルクは「塩の町」という意味だ。

「塩の直轄地」という意味を持つザルツカンマーグート地方は、ザルツブルクの東南に広がる山岳湖水地帯。**有史以前から岩塩の採掘が盛んな地域**で、塩業の発展を通じてオーストリア、ハプスブルク君主国の産業・経済に、数世紀にわたって貢献してきた。この地方のハルシュタット湖畔にあるハルシュタットは真珠にたとえられる美しい町で、町の塩鉱で採取される塩は「白い黄金」と呼ばれて重宝され、ヨーロッパ中に運ばれた。ハルシュタットの「ハル」もケルト語で「塩」を表す。

160日目

リヒテンシュタイン

スイスが防衛を代行し警官が100人しかいない国

小高い丘の上に立つファドゥーツ城。官邸であり、公爵家が住んでもいる

スイスとオーストリアに囲まれたリヒテンシュタイン公国は、リヒテンシュタイン公爵家が統治する国で、世界で唯一、家名が国名になっている。人口約3万8000人、面積は160㎢ほどしかなく、日本の小豆島と同じくらいの広さだ。映画『ルパン三世　カリオストロの城』のカリオストロ公国のモデルになったことでも知られている。

リヒテンシュタインは独自の政治体制を持つものの、隣国のスイスと経済・外交協定を結び、防衛と外交はスイスが代行しているため、警察官は100人ほどしかいないという。通貨もスイス・フランを使用しており、郵便や電話など生活のさまざまな面がスイスと共通になっている。

DATA 正式名称：リヒテンシュタイン公国　首都：ファドゥーツ　面積：160km²　人口：3万8,557人

161日目

スイス

高級時計メーカーが多い理由とは?

ヨーロッパ

ベルン旧市街の西門にある時計塔ツィットグロッゲ。スイスで最も古い時計塔

パテック・フィリップ、オーデマ・ピゲなど世界三大時計ブランドをはじめ、高級時計メーカーの多くが拠点を置くスイス。

スイスの時計産業が本格的に発展したのは16世紀のことだ。それ以前からジュネーブでは宝飾細工が盛んだったが、ジャン・カルヴァンの宗教改革によって贅沢が禁じられ、宝飾細工の職人は窮地に陥った。同じ頃、ユグノー戦争でフランスを追われた多くのユグノー（カルヴァン派の新教徒）がジュネーブなどスイスの都市に亡命し、当時パリなどで盛んだった時計産業のノウハウが流入した。スイスの宝飾細工職人はここに生き延びる道を見出し、時計産業との共存にたどり着いた。こうしてスイスの時計産業は世界中に知られる産業となったのだ。

DATA 正式名称：スイス連邦　首都：ベルン　面積：4.1万km²　人口：861万人

162日目

スイス

スイスが永世中立を宣言したのはなぜ?

永世中立国スイスで最大の都市チューリッヒ。金融機関や大学が多く、芸術も盛んだ

スイスの永世中立の出発点は、1815年のウィーン会議だ。フランス革命とナポレオン戦争後で混乱していた欧州再編のために列強国が開いたこの会議で、スイスは永世中立国となることが定められた。スイス代表はこのとき「**スイスを永世中立国にすることがヨーロッパの安定につながる**」と主張した。欧州の中央にあるスイスは、軍事戦略上の要衝として列強国から干渉を受けやすいため、中立によらなければ国の独立を守ることができないと判断し、永世中立国であることを選択したのだ。一方でスイスの永世中立を承認した列強国からみても、大きなメリットがあった。列強国間で戦争が起こったとしても、中立であるスイスからの攻撃を考慮する必要がなくなるからだ。

スイス

4つの公用語と5つの国名がある国

スイスの国旗（正式には正方形）とドメイン名をキーボードに表したイメージ図。＊実在しません

スイスでは、ドイツ語、フランス語、イタリア語、ロマンシュ語という4つの公用語が認められており、国名も、ドイツ語の「シュヴァイツ」、フランス語の「スイス」、イタリア語の「シュヴィツェーラ」、ロマンシュ語の「シュヴィズラ」という4つの言い方がある。4種類の言語は平等に扱われており、どれか1つを国名として採用することができないため、正式名称はラテン語の「コンフェデラチオ・ヘルヴェティカ」と制定されている。これは古代ローマ時代に住んでいたヘルウェティイ族に由来する「ヘルヴェティアの連合」という意味。この略称である「CH」が国名コードとして、車のナンバープレートや通貨の単位、ウェブのドメイン名などに使われている。

164日目

スイス

アルプス山脈の恩恵を受ける国

標高4,478 mを誇るマッターホルン。山脈から孤立して凛とそびえたつ“アルプスの女王”

ヨーロッパ

アルプス山脈は東西延長1200kmにおよぶヨーロッパ最大の山脈で、その約20%はスイス国内にある。スイスの国土面積は4万1293㎢、九州と同じくらいの広さで、その3分の2をアルプス山脈が占めている。また、世界に82ある4000m級の山のうち48峰がスイスにある。スイスは降水量（雨と雪）が多く「ヨーロッパの水がめ」と呼ばれるほど水が豊富だが、その貯水量の26%は万年雪や氷河など、アルプス山脈が担っている。アルプス山脈は地理学的にも重要な場所で、スイスの経済活動は中部平原に集中しているものの、山間部でも観光業などの重要な産業活動が行われている。また、高地では季節に応じて牛を移動させて放牧する「移牧」が行われている。

165日目

ノルウェー

フィヨルドはどうやってできた?

ノルウェーの西部にあるガイランゲルフィヨルドの雄大な景色。2005年に世界遺産に登録

氷河が浸食してできた複雑な地形の入江のことをノルウェー語でフィヨルドという。ノルウェー西側の海岸線に大小さまざまなフィヨルドがあり、島々を含む総海岸線を直線にすると地球を2周半できる長さになる。氷河時代、緯度の高い地域では無数の氷河が発達し、地表を浸食しながら海岸線まで達した。このとき氷河が地面を削ってU字型の谷ができ、氷河期が終わって氷河が解けると、このU字谷に海水が入り込んだ。これがフィヨルドだ。日本にも、三陸や伊勢志摩など同じような複雑な海岸線を持つリアス海岸があるが、リアス海岸は河川に浸食された渓谷が水没してできたもの。氷河と河川という違いはあるものの、基本原理は同じだ。

DATA 正式名称：ノルウェー王国　首都：オスロ　面積：38.6万km²　人口：532万8,212人

166日目

ノルウェー

世界中の種子を保存する植物の「ノアの方舟」

山肌をくり抜いて、永久凍土の下に作られた「スヴァールバル世界種子貯蔵庫」

北極点から約1300km南、ノルウェーのスピッツベルゲン島に、自然災害などに備えて世界中のあらゆる植物の種子を冷凍保存する「スヴァールバル世界種子貯蔵庫」がある。2008年に開設し、地下130mに設置された貯蔵庫に、世界100カ国以上から集められた約105万種の種子標本が保存されている。この場所に貯蔵庫が建設されたのは、地盤が固く安全であることや、スヴァールバル条約により約40カ国の条約加盟国が等しく経済活動ができることなどが理由だ。また、気温の上昇から種子を守る永久凍土層があることも理由の一つだが、2016年に北極圏の気温が異常に上昇して永久凍土が融解し、貯蔵庫の入り口に水が浸入するトラブルに見舞われた。

167日目

ノルウェー

重要な輸出品としてノルウェーを築いたタラ

ストックという木製ラックにタラを干すため、干したタラをストックフィッシュという

ヨーロッパ

『アナと雪の女王』の世界観のモデルになったロフォーテン諸島は漁業が盛んなエリアで、特に世界的に有名なタラの産地だ。約1万1000年前に最初の入植者が現れた頃から、タラは最も貴重な漁業資源で、現在は紙幣にもタラが描かれている。

タラは風味を損なうことなく干物にして保存できるため、長距離の輸送に最適な食材だ。バイキング時代にはすでにこの保存法がノルウェー文化に浸透し、干しタラを食糧とした船乗りは長旅ができるようになった。その後、タラの干物は重要な輸出品となり、引き換えにワインやスパイス、穀物、衣類、宝石などが輸入されるようになった。ノルウェーの主要都市が海岸沿いにあるのは、こうした貿易の中心地として発展したからだ。

168日目

ノルウェー

ノルウェー人は スキー板を履いて生まれる？

自然の中を歩き、滑るクロスカントリースキー。ノルウェーでは国民的スポーツ

ヨーロッパ

「ノルウェー人はスキー板を履いて生まれてくる」といわれるほど、この国の人々にとってスキーは身近なもの。そもそも「スキー」は古代ノルウェー語「skīth（薄板の意）」が語源だ。**スキーは移動や狩猟などの交通手段として使われたのが始まり**で、紀元前2500年頃のノルウェーの壁画に、スキー板を履いて狩りをする人の姿が確認されている。

ノルウェーではスキーといえばクロスカントリースキーを指し、人々は冬になるとマラソンをする感覚でクロスカントリーをしに出かける。手軽に自然を満喫できる環境がすぐ近くにあるうえ、バス、地下鉄、路面電車等の公共交通機関が発達しているため、都市部からも自然へのアクセスが抜群なのだ。

169日目

ノルウェー

北半球の国なのに北極圏のほうが暖かい!?

フィヨルドの町、ナルビクは不凍港のため北部ノルウェーの海運の要衝

ヨーロッパ

北半球では北に行くほど寒くなり、南半球では南に行くほど寒くなる。これが地球の原則だが、ノルウェーは**国土の4分の1が北極圏に入るにもかかわらず、北へ行くほど暖かくなる。**

北緯60度、南北に長いノルウェーの南側に位置する首都オスロは、12月の平均気温が－5～－6℃だが、北緯68度で北極圏内に位置するナルビクは、12月の平均気温が－1～－2℃で海が凍ることもない。オスロより北にあるナルビクの気温が高い理由は、海岸沿いにある港町だから。ノルウェーの沿岸には、メキシコ湾から流れてきた北大西洋海流という暖流が流れ込み、それが気温を上げている。南にあるオスロが寒いのは、内陸部にあるため海流の影響が及ばないからだ。

170日目

スウェーデン

4歳から環境教育が始まる世界有数の環境先進国

就学前の子どもたちも森に出かけて、自然と環境について体験しながら学ぶ

スウェーデンは環境先進国として知られ、国連のSDGs（持続可能な開発目標）達成度ランキングでは、2020年に1位を獲得。SDGsが発効した2016年からの5年間で、4度も世界ランクトップを達成している。スウェーデンの環境政策は、1960年代に深刻化した酸性雨がきっかけで大きく進展した。湖沼の生物や森林への被害が記録された1967年に環境保護庁を設置し、世界に先駆けて本格的な環境教育に取り組んできたのだ。この教育は4歳から始まり、野外で自然を体験しながら学べる場が整備されている。ゴミ捨ての分別方法や生ゴミを肥料に変える方法も幼稚園で学ぶ。幼少期からの活動を通じて、自然を敬い大切にするという意識が広く浸透しているのだ。

DATA 正式名称：スウェーデン王国　首都：ストックホルム　面積：約45万km²　人口：約1,022万人

171日目

スウェーデン

コーヒーブレイク「fika」が労働生産性を高める!?

伝統文化といってもいいフィーカ。コーヒーに、焼き菓子、サンドイッチなどを食べる

イギリスにティータイムの習慣があるように、スウェーデンにも「フィーカ（fika）」と呼ばれるコーヒーブレイクがある。フィーカは甘いものと一緒にコーヒーを飲むのが伝統的なスタイル。家族や友人、会社の同僚と会話をして時間を共有するコミュニケーションツールになっている。スウェーデンの企業では、10時と15時にフィーカの時間を設けるのが一般的だ。

フィーカによるメリットは複数の研究で証明されており、1日2回の休憩を取ることは集中力の持続に効果的だということがわかっている。また、スウェーデンがスローライフながらも労働生産性の高さで世界的な注目を浴びているのは、フィーカの習慣が根づいているからだともいわれている。

172日目

スウェーデン

マイクロチップを体内に埋め込み決済も電車の乗車もできる国

極小のマイクロチップを親指と人差し指の交わるあたりに埋め込む

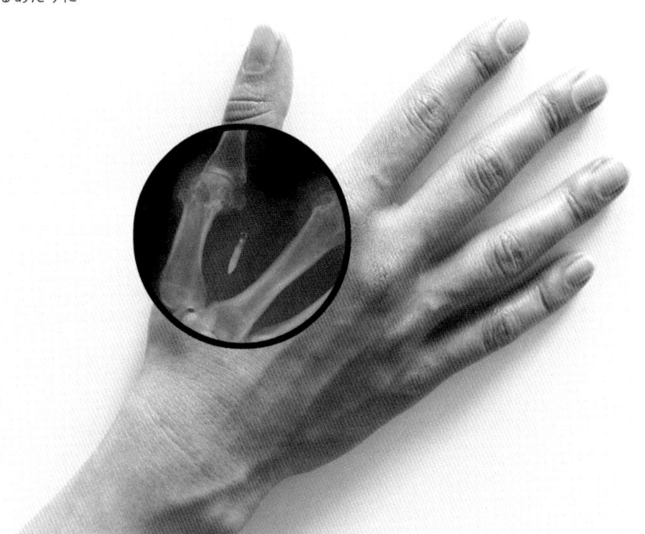

スウェーデンはキャッシュレス先進国として知られ、手の甲に埋め込んだマイクロチップをかざすことで決済するという、一歩先を行くサービスが始まっている。

米粒大のマイクロチップには個人情報やクレジットカード情報が記録されており、自販機や商店での支払いを手をかざすだけで済ませることができるほか、IDとしてオフィスの出入り口を解錠することも可能だ。また、スウェーデン国鉄では、マイクロチップを乗車券代わりにして電車を利用できる検札システムを2017年から導入している。こうしたキャッシュレス化の推進により、紙幣の製造や輸送など現金取引にかかるコストが削減されたほか、強盗の発生件数も激減しているという。

173日目

フィンランド

国会議事堂の中にもある世界一のサウナ大国

サウナは裸入浴が基本だが、混浴の場合は水着やバスタオル着用が暗黙のルール。公衆サウナは男女別

ヨーロッパ

　サウナはフィンランドから世界に広まり、フィンランド語がそのまま世界共通語になった。フィンランドでは生活の一部に深くサウナ文化が根づいており、人口約551万人に対して200万～300万のサウナがあるといわれる。各家庭や街中はもちろん、**オフィスや公共施設、国会議事堂の中にもサウナがある**ほどだ。サウナが国際的に注目されたのは、1936年のベルリンオリンピックのとき。フィンランドチームが持ち込んだサウナを、他国の参加選手がそれぞれの国に持ち帰り、ドイツをはじめ多くの国でサウナが採り入れられるようになった。日本では、1964年の東京オリンピックの選手村にサウナが設置されたのをきっかけに全国に広がった。

DATA 正式名称：フィンランド共和国　首都：ヘルシンキ　面積：33.8万km²　人口：約551万人

174日目

フィンランド

1万年前の氷河が造った18万8000以上の湖

どこに行っても湖があるフィンランド。人々は夏を湖沿いのコテージでのんびり過ごす

ヨーロッパ

国土の70%が森、10%が湖沼と河川からなるフィンランドは「森と湖の国」と呼ばれている。特に湖が多く、面積が500㎡以上ある湖の数は18万8000以上に及ぶ。フィンランドという国名も「フィン（湖沼の意）の土地」を意味する言葉に由来する。また、フィンランド人は自分たちの国を「スオミ(suomi)」と呼ぶが、このスオミも、フィンランド語で「湖と沼」という意味だ。ここからも、フィンランドと湖が切っても切れない関係にあることがわかる。

フィンランドは1万年前まで、氷河に覆われていた。その氷河の流れの跡が、無数の湖になっているのだ。森には、氷河に運ばれて残った大きな岩石「迷子石」も数多く見られる。

175日目

デンマーク

北欧なのにスキー場がない「パンケーキの国」

発電所の屋上のスキー場の名はコペンヒル。夏は芝スキー、冬は本物の雪で楽しめる

デンマークは「パンケーキの国」といわれるほど山がなく、国土の大部分が平坦な土地だ。自然の地形では、ミョレホイという丘が171mで最高地点になる。そのため降雪が少なく、北欧5カ国（デンマーク、ノルウェー、スウェーデン、フィンランド、アイスランド）の中で、唯一スキー場がない国だ。スノースポーツを楽しむには、お隣のノルウェーやスウェーデンに行く必要がある。

そんなデンマークの首都コペンハーゲンに、2019年、廃棄物発電プラントの屋根を利用した人工スキー場が開設され、話題を呼んでいる。ゲレンデは全長約400mで、斜度の異なる斜面が用意され、初心者から上級者まで楽しめるという。

DATA 正式名称：デンマーク王国　首都：コペンハーゲン　面積：約4.3万km^2　人口：約581万人

176日目

デンマーク

国内発電量の約半分を風力発電でまかなう国

コペンハーゲンで消費される電力の3%が海上風力発電。電力は海底ケーブルで送られる

環境先進国として知られるデンマークでは、廃棄物の削減やリサイクルなどさまざまな取り組みが行われているが、国をあげて力を入れているのは、風力発電を中心とした再生可能エネルギーの開発だ。1972年まではエネルギーのほとんどを石油に依存していたが、オイルショックを機にクリーンエネルギーへの代替を模索した結果、風力発電につながったのだ。

現在は、**国内に6000基以上の大型風車が設置**されており、**2019年は国内発電量の47%が風力発電でまかなわれた**。一年中同じ風向きの偏西風が吹き、風をさえぎる山もない国土はもともと風力発電に向いているが、近年は騒音問題や景観の問題から、風力の強い洋上への建設計画へとシフトしている。

177日目

アイスランド

火山が多く温泉が豊富 世界一広い露天風呂がある国

レイキャビクから約40キロにあるブルーラグーン。白い泥、シリカの泥パックが人気

ヨーロッパ

アイスランドには約30の活火山がある一方、氷河が国土の11％を占め、「火と氷の島」と呼ばれている。国の南東部にあるヴァトナヨークトルはヨーロッパ最大の氷河で、氷の下には多くの火山が存在し、何度も噴火を繰り返している。

火山が多いため温泉も豊富で、中でも有名なのが世界最大の露天風呂「ブルーラグーン」だ。ここは、隣接する地熱発電所の副産物として誕生したもの。地下2000mから汲み上げた約240℃の地熱海水を電力に変換して供給する地熱発電所で、変換後の冷めた温水を再利用するために造られたのだ。温水にはケイ酸塩をはじめとしたミネラル分が多く含まれ、乾癬症やアトピー、湿疹などの皮膚病治癒に効果があるといわれている。

 DATA 正式名称：アイスランド共和国　首都：レイキャビク　面積：10.3万km²　人口：34万4,134人

178日目

アイスランド

再生可能エネルギーだけですべての電力需要をまかなう国

南西海岸のレイキャネス半島の地熱発電所。この半島だけで3カ所の地熱発電所がある

アイスランドは北極圏に近い寒冷地域のため、暖房での電力消費量が多く、2018年の人口1人あたりの電力消費量は世界一だ。しかし、自国の再生可能エネルギーだけで全ての電力需要をまかなっており、その内訳は約7割が雨水や氷河の溶解水を水源とした水力発電、残りの3割が地熱発電だ。

地熱発電とは、火山地帯の地下にあるマグマの熱で加熱された高温の蒸気を取り出し、タービンを回すことで電力を得る方法で、アイスランドの地熱発電所で使用される機械のほとんどが日本製だ。現在は地熱を使って温めた水をパイプラインで運び、全住宅の約9割に家庭用暖房として供給するほか、温室栽培や温水プールなどにも活用されている。

179日目

アイスランド

世界で初めて女性大統領が誕生した国

国会議事堂。1980年には女性国会議員の割合は全体のわずか5%だった

アイスランドは世界で初めて、国民の選挙で選ばれた女性大統領が誕生した国だ。1975年、「女性の休暇」と称して女性の人口の約9割が仕事も家事もしないストライキを行ったことが大きな流れとなり、1980年にヴィグディス・フィンボガドゥティル氏が第4代大統領に就任、4期16年務めた。

現在も政界での女性の活躍はめざましく、議会では女性議員が半数近くを占める。男女平等の度合いを調査する「ジェンダーギャップ指数」（世界経済フォーラム）では、2021年時点で12年連続第1位をキープ。近年はLGBTの権利保護も促進している。2010年に成立した同性婚法では、ヨハンナ・ジグルザルドッティル元首相が女性同士の結婚を実現した。

180日目

ドイツ

EU経済の中心地 フランクフルト

欧州中央銀行の本店タワーとユーロのオブジェ

フランクフルトは、ドイツを代表する世界都市の一つ。フランクフルト中央駅の周辺には100棟近くの高層ビルが立ち並び、目を見張るほどだ。そのうちの1棟が**欧州中央銀行（ECB）の本店タワー。そう、ここは欧州経済の中心地**だ。ECBが設立されたのは1998年。欧州最大の金融の中心地はロンドンだが、イギリスはユーロを採用しなかったため、ユーロ圏で最大の金融都市であるフランクフルトにECB本店が置かれることになった。神聖ローマ帝国皇帝の戴冠式が行われ帝国自由都市でもあったこの地は、第二次世界大戦後、金融センターとして発展し、ドイツ銀行や時価総額で世界最大級の規模を誇るドイツ取引所の本部も置かれている。

DATA 正式名称：ドイツ連邦共和国　首都：ベルリン　面積：35.7万km^2　人口：約8,315万人

181日目

ドイツ

ベンツの顧客第1号はフランス人？

高級乗用車で有名なベンツは、バスやタクシー、トラック、救急車なども製造する

ドイツ車といえば「ベンツ」。これを造るダイムラー社は自動車の発明に貢献したカール・ベンツとゴットリープ・ダイムラーという２人のドイツ人技師が祖となった会社だ。ベンツは、1886年に、エンジンつき三輪車「パテントモトールヴァーゲン」で特許を取り、これが自動車の出生証明書といわれている。一方のダイムラーは、1889年のパリ万博に、エンジンつき四輪車「シュトゥルラートヴァーゲン」を出展し、これに惹かれたフランス人実業家とライセンス契約を結んだ。ベンツの顧客第１号といえるだろう。それぞれがおこしたベンツ社とダイムラー・モトール社は1926年に合併し、このとき「メルセデス・ベンツ」のブランド名が生まれたのだ。

182日目

ドイツ

なぜ、ドイツは ソーセージで有名なのか?

1500種類以上はあるというドイツのソーセージ。ドイツ語では「ヴルスト」

ソーセージ発祥の地と目されているのは中国。遊牧民が保存食として羊の腸に羊の肉などを詰めて燻製にしたのが始まりといわれている。それが、シルクロードを通って、今のヨーロッパに伝わったとされる。では、なぜ、今ではドイツのものが有名なのだろうか? その理由は、ドイツの土地柄にある。ドイツは気温が低く、雨が少なく、氷河に削られたやせた土地は、農業にあまり適していなかったのだ。そのため、人々は家畜、特に雑草や木の実でもよく育つ豚を飼い、食用にしたり、糞尿を肥料に使ったりしていた。この豚の肉を厳しい冬場の保存食とするのに、ソーセージという加工法がピッタリだったため、盛んに作られるようになったのだ。

183日目

ドイツ

我こそはバウムクーヘンの元祖!

伝統菓子バームクーヘン。たっぷりと生クリーム添えるのがドイツ風

ドイツ語で「バウム」は木、クーヘンは「ケーキ」を表し、直訳すると「木のケーキ」。芯棒にくるくる液状の生地をかけながら焼き、切り口が年輪状になる今のような姿が完成したのは18世紀のことだ。近代バウムクーヘン発祥の地として知られているのがドイツのザルツヴェーデル。元祖はどの家なのかをめぐっては、じつは、争いがあった。ヘニング家は最古のレシピを有し、ヴルシュレーガー家は宮廷料理人の先祖がドイツやウィーンの宮廷にバウムクーヘンを納めていたとして、両家とも元祖を主張して一歩も譲らなかったのだ。1920年、ヴルシュレーガー家の流れを汲む人物が両方の店を買い取って、この争いには終止符が打たれることとなった。

184日目

ドイツ

かつて国の中央に位置したベルリンが東の端に

ドイツ・ベルリンのシンボルとされているブランデンブルク門

ドイツの地図を見てベルリンの位置を確かめてみてほしい。今は東の端っこにある。ところが、19 世紀のヨーロッパの地図を見ると、様子はまったく異なっている。当時は、ベルリンは国土のほぼ真ん中に位置していたのだ。ドイツがプロイセンを中心として国家統一を成し遂げたのは 19 世紀半ばのことで、当時、ドイツの領土はもっと東の、今のポーランドの西側部分まで広がっていた。その後、**二度の世界大戦を経て領土を失い、特に東側を大きく失った結果、ベルリンは国の東の外れになってしまったというわけだ**。今でも、ヨーロッパに、ドイツではないのにドイツ語を話すようなドイツ文化圏があるのは、その頃の名残りだ。

185日目

ドイツ

ドイツがビールの本場になった理由

世界最古の食品に関する法律、ビール純粋令によってドイツビールの品質が守られてきた

ビールは、ドイツが発祥なのだろうか？　いいや違う。そもそも紀元前4000年頃のメソポタミアでシュメール人がパンの粉から造ったお酒が起源とされている。それでは、ビールといえばドイツと思われているのはなぜだろうか？ ビールの製法が伝わったヨーロッパでは、キリスト教会が「ビールは液体のパン」としたことから、教会や修道院で盛んに造られるようになった。その後、ドイツで考案されたのがラガービールの造り方である。これは、酵母を桶の下に沈ませて発酵させる方法で、その過程で倉庫（lager）に貯蔵することからこの名がある。やがて、世界で主流になったこのビールのおかげでドイツが本場と目されるようになったのだ。

186日目

ヨーロッパの国々

札幌より北なのに暖かいのはなぜ？

地中海に面した南仏のリゾート・ニースは、札幌とほぼ同緯度の北緯43度にある

地中海を見下ろす丘に陽だまりとオリーブの木……。ヨーロッパの特に南は温暖なイメージがある。だが、緯度で見るとパリは北緯48.5度、ロンドンは北緯51.3度で北海道札幌市の43.04度より北にあることがわかる。これは、一体どういうことなのだろうか。それはヨーロッパのある場所と関係している。この地は、ユーラシア大陸の西岸に位置しているため、一年中ほぼ変わりなく西から偏西風が吹きつけ、この風が温暖な北大西洋海流の上を通って温暖湿潤な空気を運んでくれるのだ。また、一年を通じて湿潤になることは、年間の温度差を少なくしてくれている。こうした理由からヨーロッパは高緯度のわりに暖かいのだ。

187日目

オランダ

オランダの中にベルギー、その中にオランダ

オランダのバールレ・ナッサウでは道路にも国境線が引かれ、国境線上には建物もある

ヨーロッパ

オランダ南部に「バールレ・ナッサウ・ヘルトフ」という町がある。じつはここでは、オランダの町「バールレ・ナッサウ」の中に、ベルギーの町「バールレ・ヘルトフ」が飛地となっていて、町全体の名は２つを合わせたものなのだ。そのベルギーの町は 21 カ所に分かれて点在し、さらにその中にオランダの飛地があったりする。なぜ、こんなことになったかというと 1648 年にオランダがスペインから独立する際、バールレのヘルトフ家の領土がスペイン領として残り、後にベルギーが独立したときに一緒にベルギー領になったわけだ。町を歩くとあちこちに国境線が引かれ、各家の門には自分が属する国の国旗がはためき、両国それぞれの役所や郵便局、銀行が並んでいる。

DATA 正式名称：オランダ王国　首都：アムステルダム　面積：4万1,864km²　人口：1,738万4,000人

188日目

オランダ

「ダム」がつく地名が多い理由は?

市内を網の目のように流れるアムステルダムの運河には1500もの橋がかかる

オランダの首都はアムステルダム、第2の都市はロッテルダム、人気の観光地はフォーレンダム…。なんで「ダム」のつく地名が多いの？ と思わないだろうか。「ダム」はオランダ語で「堤防」という意味。オランダでは、干拓によって国土を広げてきた歴史があり、都市は川に堤防を築いて建設されてきた。そのため、川の名前に堤防を意味するダムをくっつけてできた地名が多くなっているのだ。たとえば、その昔、アムステル川河口にあった小さな漁村は、川に築いた堤防に守られていたので、後に「アムステルダム」になった。ロッテ川がマース川に流入するところに建設された都市は、ロッテ川に築かれた堤防により「ロッテルダム」になった。

189日目

オランダ

冬のシーズン、運河の国はスケート大国に

オランダはスケート王国。凍結した運河では大人も子どももスケートを楽しむ

オランダの冬は10月から4月まで、長く陰鬱な季節が続く。それでもオランダ人が楽しみにしていることがある。それは「スケート」。オランダ名物である運河や水路は、この季節になると氷が張り、天然のリンクがそこここに出来上がるのだ。スケート靴は、家の中から履いてしまい、カバーをかけた刃でトコトコ最寄りの水辺へ。スケートを楽しむ人で運河はたちまち一杯になる。そして、とりわけ氷がよく張った年には、凍った川を200km滑る「11都市スケートマラソン」が開催される。1909年に始まって以来、まだ15回しか開かれていない国民的なお祭りで、前回開催の1997年以来、オランダ人は次の開催を心待ちにしている。

190日目

オランダ

名物となった風車がたくさん造られたのはなぜ？

発電や製粉にも使われる風車。1万基の風車があったが現在は千基ほどが稼働している

オランダで風車がたくさん造られたのはなぜだろうか？ それは、この国のもう一つの名物、運河、水路、湖に関係がある。オランダは「ザ・ネザーランズ」という国名が示す通り、北海に面した三角州の低地にできた国。内海や湖に堤防を造り干拓によって国土を広げ、運河で水を管理して、街が築かれた。その治水に活躍したのが風車。風の力で水を堤防上の運河にかき上げ、北海へ流したのだ。この治水事業に風車が採用されたのは15世紀初めのことで、これによる最初の湖の干拓は1533年のこと。1600～1800年の200年間にじつに6万haもの土地が干拓された。現在では、干拓には電気の力が使われているが、観光風景として風車を見ることができる。

191日目

ベルギー

なぜ、ブリュッセルはEUの中心なのか？

欧州連合（EU）の本部、ベルレモンビル。法案の提出や決定事項の実施などの運営を行う

ヨーロッパ

ブリュッセルにはEU機関が集中し、「欧州の首都」と呼ばれている。なぜだろうか？　欧州統合とは、つまり、ラテン系とゲルマン系の統合。ベルギーは、それぞれの大国フランスとドイツに挟まれ、イギリスと向かい合い、西ヨーロッパの中心に位置しているのだ。そして、歴史的に見ても、中世には、この地域は、西欧諸国の元になったフランク王国の中心地。時代が下がり、小国となったベルギーはフランスとドイツの間で翻弄され、その経験から平和を求めて欧州統合をリードした。現在でも、国内地域はゲルマン系とラテン系に色分けされ、その接点に位置するのが首都ブリュッセルだ。こうした背景からEUの中心地となっているのだ。

DATA 正式名称：ベルギー王国　首都：ブリュッセル　面積：3万528km^2　人口：1,149.3万人

192日目

ベルギー

「言語戦争」の末に公用語が3つに

地域によって話されている言語が違うため、交通標識の表示も二カ国語表記

ベルギーには３つも公用語がある。その背景には、古くよりヨーロッパの十字路とたとえられ、異文化が交わる地域であったことがある。すなわち、ゲルマン系のフラマン人が住んだ北部のフランドル地方ではオランダ語、ケルト系のワロン人が住んだ南部のワロン地方ではフランス語、ドイツ人が住んだ東部ではドイツ語が使われているわけだ。

1831 年の独立はワロン人が主導したことから一時、フランス語が公用語となったことがある。すると、ワロン人とフラマン人の間にさまざまな格差が生まれてしまった。怒ったフラマン人が言語差別撤廃の運動を起こすといった「言語戦争」を経て、今の形に落ち着いたという歴史がある。

193日目

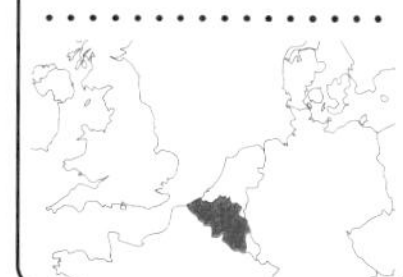

ベルギー

どちらが好み?
ワッフルの2タイプ

ワッフル専門店やスタンドで焼きたてを。リエージュ風は生地にパールシュガーが入る

ベルギーワッフルには2タイプあることを知っているだろうか？　生地の表面をカリッと仕上げた軽い食感が「ブリュッセル風」で、甘めのもっちり生地が「リエージュ風」。日本で食べられるのは後者に近い感じだ。トッピングには生クリームやフルーツ、チョコなどがあるが、リエージュ風はもともと甘いので少なめにするのがいいだろう。そして、どちらを選ぶにしても本当のおいしさを知るにはとにかく焼きたてを食べること。ブリュッセルの観光エリアなどには必ずワッフルのスタンドや販売車があるので、人が並んでいるお店なら、次々出されるホカホカをいただけるはずだ。ちなみに、ベルギーでは「ゴーフル」というので間違えないようにしよう。

194日目

ルクセンブルク

所得水準世界ナンバーワンの小さな巨人

世界一の富裕国といわれるルクセンブルク。優遇処置により、多数の金融機関が進出し、海外の多国籍企業が本社をおいている

ルクセンブルクとは「小さな城」の意味。ベルギー、フランス、ドイツに囲まれ中世から領土を保全してきたヨーロッパの小国である。広さは南北に 82km、東西に 57km で人口は約 62 万人と日本の地方都市並みだが、**2019 年の国民 1 人あたりの名目 GDP は 11 万 5839 ドルと世界一位**。もともとは鉄鋼業を中心に国際ビジネスを展開してきていたが、企業優遇の税制や言語教育に力を入れたことが功を奏し、今や世界有数の国際金融センターの地位を得ているのだ。経済が活況となり、国内労働力だけでは人手が足りないために、労働・移動の自由が保障された EU 内では労働者の格好の出稼ぎ先になっていて、全人口の約 4 割を外国人が占めている。

DATA 正式名称：ルクセンブルク大公国　首都：ルクセンブルク　面積：2,586km²　人口：62万6,108人

195日目

フランス

なぜパリは世界のファッションリーダーなの？

ヨーロッパ

パリのファッションウィークでのファッションショー。業界の人々が一同に集まる

フランスの元祖ファッションリーダーは太陽王ルイ 14 世。自ら着飾るのが好きだったし、その文化と産業の育成にも熱心だった。当時の中心地イタリアに負けたくなかったのだ。その甲斐あって華やかな宮廷文化とともにフランスのファッション文化がヨーロッパをリードするようになった。フランス革命を終えると、その文化の統制は宮廷の手を離れ、それまでは注文で服を仕立てるだけだった「オートクチュール・メゾン」が自由に服をデザインして売るようになった。高級仕立て「オートクチュール」と高級既製服「プレタポルテ」の最新作を「パリコレ」で発信し、世界中が熱狂するファッション文化の土台は、ここに築かれたのだ。

 DATA 正式名称：フランス共和国　首都：パリ　面積：54万4,000km²　人口：約6,706万人

196日目

フランス

パリ・ロンドン間を2時間ちょっとで結ぶユーロスター

ヨーロッパ大陸とイギリスを
結ぶ高速鉄道ユーロスター

フランスは鉄道大国。フランスの国鉄にあたるSNCFの線路網がパリを中心に放射状に各地へと張り巡らされている。その中でも花形はなんといってもTGV。専用線であれば最高速度時速320kmで走る高速鉄道だ。この速さは日本の東北新幹線と並んで世界第2位を誇る。そして、ヨーロッパならではの、客車にゆられて国境を越え、各国へアクセスする国際高速鉄道も充実している。人気が高いのはパリとロンドンを約2時間20分で結ぶユーロスター。ファーストクラスでは、まるで飛行機の機内サービスのようなランチまで出てきて、海底トンネルで約20分かかるドーバー海峡越えや国をまたいだ景色の移り変わりを楽しむことができるのだ。

197日目

フランス

日本の“カタカナ語（外来語）”になったフランス語

パリ・モンマルトルにあるカフェの風景。カフェも日本語として定着した言葉

幕末、江戸幕府が軍制にフランス式を取り入れたことがあり、この時代にフランス語が日本語に少し入ってきた。「ゲートル」などは、その名残りとされている。明治には画家がフランス語を学ぶようになり、大正、昭和にかけて文学、美術、生活文化に関する言葉が日本語に入っている。たとえば、文学ではエッセイ、シュール、ロマンなど、美術ではアトリエ、アヴァンギャルド、アンティーク、クレヨン、デッサンなど、ファッションではシルエット、ズボン、ブルゾンなどがある。戦後の高度成長期以降は、グルメ志向の登場で食生活用語が増えたのが特徴で、この分野ではオードブル、カフェ、カマンベール、グラタン、グルメ、クレープなどの言葉がある。

198日目

フランス

世界三大料理の最高峰 フランス料理のひみつ

フランス料理はソースを使ったものが中心

1533年、イタリアのメディチ家から息女カトリーヌが後のフランス国王アンリ2世にお輿入れした。フランス料理はここに始まる。ルネッサンスに洗練された料理文化が初めて宮廷に持ち込まれた。17世紀、太陽王ルイ14世は権威を誇示するため豪華絢爛な食事会を開き、ここに本格的な美食の時代を迎えた。料理人たちは王侯貴族の期待に応えようと、ますます創意工夫を凝らしたのだ。18世紀、そんなお抱えの料理人たちにとって驚天動地だったのがフランス革命。職を失った彼らは、パリでレストランや仕出し屋、お菓子屋の新ビジネスを始めた。こうして宮廷に花開いた料理文化は、庶民に開放され美食文化が広まっていったのだ。

フランス

フランスにもある世界的マンガ文化

本屋のマンガ売り場の面積は広い。いろいろな種類のマンガが翻訳され読まれている

マンガ文化が盛り上がっているのは日本だけではない。フランスのマンガ「バンド・デシネ（BD）」は、世界的に有名だ。日本のものと少し様子が違い、判型はA4のハードカバーで、たいていはオールカラー。細部が丁寧に描き込まれ、1コマのスピード感も日本より遅め、ページ数や巻数も少なめ、どちらかというと画集といった趣だ。ジャンルはSFやユーモアなど多岐にわたる。有名な作家は、映画「エイリアン」のデザインも担当したメビウスなど。その影響を、宮崎駿や大友克洋といった日本の作家も口にしている。毎年冬にアングレーム市で行われる国際BDフェスティバルにはヨーロッパ中のファンが詰めかけるほどの人気となっている。

200日目

モナコ

世界の大富豪が集まる欧州屈指のリゾート地

カジノ・ド・モンテカルロ。夕方になると映画さながらに着飾った人々が行き交う

公国とは、もともとは一貴族の領地であったものが独立国として残ったもの。中でも有名なモナコ公国は地中海に臨む観光立国として知られている。大国フランスに囲まれたこの国は、独自の産業を育て生き延びていく力をつけなければならなかった。そうした中でカジノやF1レースの開催などヨーロッパ屈指のリゾート地として発展を遂げてきたのだ。大公とアメリカの大女優グレース・ケリーとの結婚も名声を押し上げた。国家財政が安定した現在、所得税、市民税、固定資産税、相続税などは全くかからず、この「タックスヘイブン」のメリットと、華やかなモナコの住民というステータスを得ようと、世界の大富豪が住みたがる国となっている。

DATA 正式名称：モナコ公国　首都：モナコ市　面積：2.02km²　人口：3万8,100人

201日目

アンドラ

アンドラ

フランスとスペインに元首がいる小国

ピレネーでは冬はスキーやスノーボード、夏期にはトレッキングが盛ん

フランスとスペインの国境ピレネー山中にあり、深い森と岩山に囲まれたアンドラ公国。面積468㎢は金沢市とほぼ同じである。公国が成立したのは1278年。この地の権利を、スペインのウルヘル町の司教とフランスのフォア家の間で争った末、両者が共同で統治することになった。フォア家の権利は、その後フランス王となるブルボン家に渡り、最終的にフランス政府へ引き継がれている。近世以降は、厳格な中立政策をとり、1993年に、憲法を制定し、政府を作って、国家として成立したのだ。こうした歴史から、今でも元首はウルヘル司教とフランス大統領を共同で立てているが、国連にも加盟するれっきとした独立国家である。

DATA 正式名称：アンドラ公国　首都：アンドラ・ラ・ベリャ　面積：468km²　人口：7万7,543人

202日目

イギリス

弁護士資格より難しいタクシー運転免許!?

ロンドンで2万台が走るブラックキャブ。フロントガラスの上にあるTAXIのライトが目印

ロンドン市内を走る黒くてピカピカした箱型のブラックキャブ。イギリスに行ったら一度は乗りたいタクシーだ。名物となっているのはそのスタイルだけではない。乗り込んだら行先の住所を伝えてみよう。間違いなく目的地にピタリとタクシーを停めてくれるはずだ。驚くことに運転手は2万5000もの通りやホテル、教会など主だった行先の位置を全て覚えているという。ロンドン市内全域で通用するタクシー運転免許を取る場合、**運転手は「The Knowledge of London」という試験を受けなくてはならない**。合格までに時には何年もかかり、弁護士資格より難しいといわれている。最も献身的な人間のみがこの高貴な仕事を営めるようにするためということだ。

DATA 正式名称：グレートブリテン及び北アイルランド連合王国　首都：ロンドン　面積：24.3万km²　人口：6,680万人

イギリス

3つの国旗が合体してユニオンジャックに？

ユニオンジャックがはためくイギリス国会議事堂と時計台ビッグベン

イギリスは4つの国が合わさって今の姿になっている。13世紀末、まず、イングランド王国が西部のウェールズを併合し、その後の1707年にスコットランド王国と合併して「グレートブリテン王国」に、1801年にアイルランドと合併して「グレートブリテン及びアイルランド連合王国」になった。その後の1922年、アイルランドが東北部を残して独立し、ここに現在の「グレートブリテン及び北アイルランド連合王国」、すなわち、イギリスの姿になったのだ。そして、イングランド、スコットランド、アイルランドの**3つの国旗のデザインを合わせたものが現在のイギリスの国旗**であり、これが「ユニオン・ジャック」と呼ばれている。

204日目

イギリス

イギリス料理がまずいというのは本当か？

イギリスの伝統料理、ローストビーフ。食べる直前に薄くスライスしてグレービーをかける

「まずい」とレッテルを貼られるイギリス料理。フランスのシラク元大統領は「あんなまずい料理を作る国民は信用できない」と発言し、イギリス人の反発を招いたとか。実際、向こうの家庭料理を見た人からは、皿の上には揚げたり焼いたりした肉や魚が並び、総じて茶色く、味つけは食卓の塩や胡椒、ケチャップや酢のみ、といった目撃談がよく聞かれる。こうなった背景の一つには宗教的な影響が指摘されている。**禁欲を重視するプロテスタントの多いイギリスでは質素な食生活が良し**とされ、清教徒が勢力を増して贅沢な食事が罪悪とされた時代もあった。とはいえ、今のロンドンではイタリア料理も中華料理もあり食の楽しみも多様化している。

205日目

イギリス

世界地図に残る「パクス・ブリタニカ」の足跡

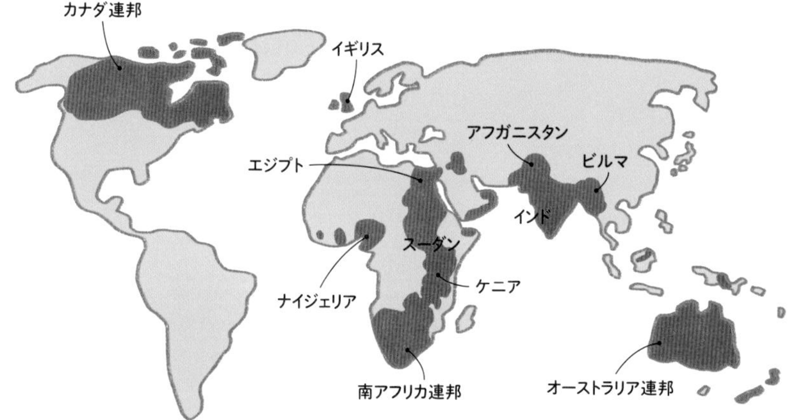

19世紀末のイギリス植民地。
経済力と海軍力で覇権を握る

1588年、大航海時代をリードしたスペインの無敵艦隊をエリザベス女王のイギリスが打ち負かした。以後、この小さな島国は、本格的な海洋進出の時代を迎える。アメリカ大陸やアジア、アフリカに植民地を拓き、インド産綿織物の貿易や奴隷貿易も組み合わせた三角貿易などで富を築き上げたのだ。そして、ナポレオンのフランスを退けると19世紀中葉のビクトリア女王の時代に、**大英帝国の世界制覇が平和をもたらすと称した「パクス・ブリタニカ」**の時代を迎えることとなったのだ。どの大陸にも植民地を持ち、この時代に築いた広大な領土は上図の通り。20世紀の2つの世界大戦の後にそのほとんどを失ったが、今も世界地図に多くの足跡を残している。

ヨーロッパ

206日目

イギリス

イギリスといえばパブ でも、パブってどんなとこ？

昼から営業するパブ。客はバーカウンターで注文するキャッシュデリバリー式

ヨーロッパ

イギリスではどんな田舎町でも教会とパブは必ずあるそうだ。パブの語源はパブリック・ハウスで、お金を払えば誰でも迎えてくれるという意味である。その起源は、14 世紀頃にはブッシュと呼ばれていた、街道沿いにあって、旅人にエールを飲ませた宿屋兼居酒屋にあるという。その中から村の寄り合い所であり、社交場であるパブリック・ハウスが生まれてきたのだ。現在のパブは、お酒、とりわけビールを飲ませてくれるほか、レストランとして食事も出してくれる。ロンドンのビジネス街では昼休みにシェパーズパイのパブランチとビールをやるのはごく普通のこと。また、ダーツをはじめとするゲームや芝居など娯楽提供の場ともなっている。

207日目

イギリス

ロンドンが「霧の都」と呼ばれるのはなぜ？

天気の変化が激しいイギリス。ロンドンでは冬に濃い霧が発生する

ヨーロッパ

島国イギリスの首都・ロンドン。北海からテムズ川を遡ったところにあり、海外との交易で早くから水運が発達した街である。その属するブリテン島があるのは北海と大西洋が出会う海域。**寒流と暖流がぶつかり合うこの辺りでは霧が多く**、これがイギリス、特にロンドンのイメージと結びついている。ところで、この街が20世紀前半頃まで「霧の都」と呼ばれていたことには別の意味があった。それは、**大気汚染で悪名高い都市**を表していたのだ。「霧」というのは大都市の家々や工場で石炭を燃やした際に発生するスモッグのことを意味していた。今では、法律によって石炭を炊くことが禁じられ、この種の大気汚染はなくなっている。

アイルランド

イギリスの一部でいるか、全島統一か

2020年12月31日、イギリスのEU離脱が完了した。ただし、英領北アイルランドはEUの貿易ルールに留まる。隣接するEU加盟国・アイルランドとの間に国境検問を設けると紛争が再燃しかねないからだ。アイルランド島は古くはケルト人の島だった。12世紀頃からイギリスが侵出し1801年に併合、プロテスタント系のイギリス人が、カトリック系のアイルランド人を支配した。**アイルランドが完全に独立したのが1949年**。このとき、プロテスタント系が多かった**北アイルランドは英領に残り、その帰属を巡って紛争となったのだ**。1998年に和平が実現し、今は英領である北アイルランドの帰属について、今後、民意で決められることになっている。

DATA 正式名称：アイルランド　首都：ダブリン　面積：7万300km²　人口：約492万人

209日目

アイルランド

ジャガイモなしにはいられない？

ポクスティと呼ばれるジャガイモのパンケーキ。シチューや肉と一緒に食べる

アイルランドで食といえばジャガイモ抜きに語れない。この国では、ご飯みたいなもので、レストランでメイン料理を頼むと、ほぼ必ず「ローストポテト、マッシュポテト、チップスのうちどれにしますか？」と聞かれる。チップスとはフライドポテトのことで魚のフライと組み合わせた「フィッシュ&チップス」も人気だ。ほかにもラム肉とジャガイモと一緒に煮た「アイリッシュ・シチュー」や、ラムひき肉にマッシュポテトをかぶせて焼いた「シェパーズパイ」など、ジャガイモレシピもいろいろだ。品種も数え切れないほどあって、毎年、新品種が開発されるそうで、これは1845年にジャガイモの不作で発生した大飢饉の教訓をふまえてのことだそうだ。

イタリア

日本の"カタカナ語(外来語)"になったイタリア語

「スカラ座」はオペラの最高峰といわれる舞台。イタリア文化に関する用語は日本でもよく使われる

イタリアは、ルネッサンスが開花した中世以降、ヨーロッパにおいて、高いレベルの文化で存在感を示してきた。音楽、美術などの芸術分野や料理などの生活分野において特色ある文化を成熟させ、その分野で使われたイタリア語は、ヨーロッパの各言語に採り入れられ、日本語にも入ってきている。並べてみれば、聞き覚えのあるものは多い。たとえば、音楽用語にはドレミ、テンポ、ピアノ、フォルテ、ソロ、オペラ、カンタービレなど、美術用語にはマドンナ、マエストロ、トリエンナーレ、建築用語にはテラコッタなど。日本で「イタ飯」と呼ばれブームにもなったイタリア料理由来の言葉にはパスタ、ピザ、スパゲッティ、リゾット、サラミなどがある。

DATA 正式名称：イタリア共和国　首都：ローマ　面積：30.1万km²　人口：約6,046万2,000人

211日目

イタリア

イタリア人は本当にケチャップが嫌い?

トマトの種類が多いイタリア。市民は市場でトマトをキロ単位で買う

「イタリア人はケチャップが嫌い」といわれている。食にこだわりを強く持っていて、アメリカから持ち込まれた甘味料と化学調味料の混ぜものは使わないというわけだ。実際、自家製トマトピューレを作りおきしていてケチャップは必要ないという家庭は多くある。その気質には、かのマクドナルドも手を焼いている。というのは1986年、ローマ第1号店の開店に際して激しい「ファストフード反対運動」が起こったという。反対派の学者からは批判の際に「ケチャップ帝国主義」という言葉も飛び出した。店舗は無事に開店にこぎつけたが、この年、イタリアには「スローフード協会」が誕生した。これが、後に国際運動に発展していったのである。

212日目

イタリア

火山灰に埋もれた古代ローマ都市・ポンペイ

碁盤の目のように石畳が敷かれた車道と歩道。繁栄していた都市の名残りが見られる

ヨーロッパ

ポンペイの町を、突然、**ヴェスヴィオ火山の噴火が襲ったのは今からおよそ2000年前の西暦79年**。大音響と爆風に吹き飛ばされ、2万人いた住民のうち2000人が落命し、その上を火山灰が覆った。永い眠りから覚めたのが19世紀のこと。本格的な発掘調査が行われたのだ。町の中心の広場や、神殿、市場、集会所など重要な建物が次々と発見された。市場には肉屋、魚屋、パン屋などがあり、メインストリートには商店が並んでいた。3カ所の公共浴場や多くの居酒屋、売春宿も見つかった。鍋やフライパン、食器なども発見され、その保存状態の良さは驚くばかり。まるで、時が止まっていたかのような古代ローマ都市の姿が明らかとなったのだ。

213日目

イタリア

北部と南部で異なる産業

トリノの町を流れるポー川。総延長は650キロメートル、北部を横断してアドリア海に注ぐ

北と南で気候、文化が異なり「２つの国がある」ともいわれるイタリア。産業でも違いがあり北部では工業、南部では農業が盛んだ。ミラノやトリノ、ジェノヴァなど、イタリア経済を引っ張る北部で工業が栄えているのは水のおかげ。アルプス山脈からの豊富な水は工業用水、そして、発電に利用されてきた。また、イタリア唯一の大河ポー川も北部を流れ、流域で早くから盛んだった農業や養蚕業によって資本が蓄積したことや、家内制手工業の発達した基盤があったことも工業化を後押しした。所得で下回る南部から、北部へと働きに来た出稼ぎ労働者のおかげで、人件費を低く抑えることができたことにより、北部の工場は国際競争力を身につけたのだ。

214日目

イタリア

イタリアのブランド服が有名な理由

高級ブランド、プラダ本店。ミラノのショッピングアーケード、ガッレリアの中心にある

「メイド・イン・イタリー」ブランドが確立したのは戦後のこと。1951年、ヨーロッパ経済の復興を援助するためアメリカ人が開催した「イタリアン・ファッション展」で人気となったことがブレイクのきっかけだった。じつは、モード大国・イタリアの起源は古く、ルネッサンスに遡り、15世紀にはその地位を確立させていた。ところが、フランスのファッション産業がルイ14世のもとで力をつけ立場が逆転してから遅れを取っていたのだ。伝統を見直し、イタリアらしさを取り戻そうという気運の中で戦時中のファシズム政権は国内でまかなう生産工程を確立させていた。高まっていたポテンシャルがアメリカ人を魅了し、見事に復興を遂げたのである。

ヨーロッパ

215日目

イタリア

ローマの地下鉄整備が難しいのはなぜ?

1955年に開業したローマの地下鉄B線にあるコロッセオ駅

ヨーロッパ

イタリアの首都ローマといえば、古代ローマ時代の遺跡を見ようと、世界中から人が集まる屈指の観光地。その遺跡が、皮肉なことに、観光客の足にも影響する**地下鉄整備のネック**になっている。というのは、**どこを掘っても古い建物や墓地にぶつかる恐れがある**からだ。遺跡にぶつかると、そのたびに、工事を中断してルートを変えなければならないのだ。例えば、2路線が交わるテルミニ駅周辺を見ても古代ローマ帝国の初代皇帝アウグストゥスの帝廟や古代ローマ最大の公共浴場遺跡、ディオクレティアヌス帝の浴場跡がある。おかげで、世界的な観光地の渋滞緩和を意図した地下鉄整備だが、結局のところ3路線しか開通できていないという。

216日目

バチカン

バチカンは東京ディズニーランドより狭い

バチカン

サン・ピエトロ広場。広場を囲む柱廊には高さ15メートルの円柱が284本並ぶ

世界一小さい国といえば、イタリアの首都ローマ市内に収まるカトリックの総本山・バチカン市国。その広さは、どれくらいかというと、数字で表すと0.44㎢。たとえば、**東京ディズニーランドが0.51㎢なので、それより少し狭いくらい**である。2020年現在の人口（国籍保有者）は615人。こんなに小さな国が成り立っているのは、カトリック教国イタリアが保護しているからだ。元首である教皇は、キリスト教をローマで布教したイエスの弟子ペテロの正統な後継者なのである。教皇領が始まったのが756年。近世には統一したイタリアに接収された時期もあるが、1929年のラテラノ条約でイタリアから主権国家として承認された。

DATA 正式名称：バチカン市国　面積：約0.44km²　人口：615人

217日目

サンマリノ

サンマリノ

切手が財政を支える山頂のミニ国家

アドリア海を望むティターノ山とその頂に築かれた要塞都市。2008年に世界遺産に登録

イタリアの中にポツンとある**世界最古の共和国**。それがサンマリノ。その領土は、標高749mのティターノ山を中心に広がり、東京の山手線の内側にすっぽり収まる大きさ。301年に、ローマ帝国の迫害を逃れて隠れ住んだキリスト教徒の共同体が始まりで、1291年にローマ法王から独立を認められた。以来、どんな侵攻に対しても険しい岩峰を盾として独立を守ってきた。現在、国家財政の6割近くは観光収入。財源は乏しく、かつて、モナコを真似たカジノ開設も取り沙汰されたが、喧騒を嫌い、コレクター向けの切手の発行を開始。世界初のディズニー切手を手がけるなどして人気を博し、一時は国家財政を支えるほどになり、今でも重要な収入源の一つだ。

DATA 正式名称：サンマリノ共和国　首都：サンマリノ　面積：61.2km²　人口：3万3,547人

218日目

スペイン

大航海時代に その名を馳せたシェリー酒

シェリー酒は南部のアンダルシア地方のヘレスという町を中心とした地域で造られる

スペインの有名なお酒にシェリー酒がある。これは、白ワインにブランデーを加えて造られるお酒で、このようにアルコールを強めたお酒を酒精強化ワインという。その歴史は長く、大航海時代には、世界にその名を馳せ、スペインの重要な輸出品になっていた。この時代に評判を呼んだのには理由がある。アルコールを強めることで、時に赤道を越えるような長い航海での劣化を防ぐことができたので、船乗りたちに重宝されていたのだ。世界一周の航海を成功させたポルトガルの航海者マゼランは、シェリーをこよなく愛していたため、1519年の歴史的な船旅への出航にあたり、武器よりも、ワインの調達に大枚をはたいたといわれている。

DATA 正式名称：スペイン王国　首都：マドリード　面積：50.6万km²　人口：約4,708万人

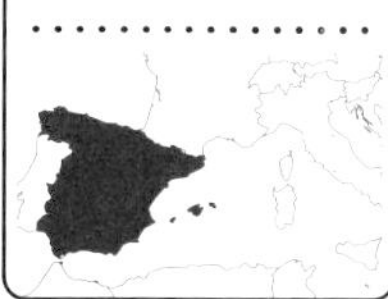

スペイン

スペイン人の現代シエスタ事情

日差しが強烈な時間帯に活動することは非効率的なので、長めの昼休みシエスタをとる

スペイン人といえば、みんな昼食後に短い睡眠「シエスタ」をとっていそうなイメージがある。シエスタは疲労回復やストレス解消になるとされ、今や、国を超えて採り入れる動きもあるようだ。そこで疑問。スペイン人は本当にみんなシエスタをとっているのだろうか。2009年にスペイン国内で実施されたある調査によると日常的に享受しているのはわずか16%だったとか。都市部のオフィスで、お昼に自宅に戻れないような人は普段のシエスタが無縁になっているようである。逆に、南部の農村などで気温40℃を超えるような夏場の昼下がりは野良仕事ができないので、シエスタが不可欠とのこと。働き方の多様化とともにシエスタの多様化も進んでいるようだ。

スペイン

「カナリア諸島」の名の由来は鳥ではなく犬

カナリア諸島で一番人口が多い世界遺産の島、テネリフェ島のサンタクルス港

カナリア諸島はモロッコ沖に浮かぶスペイン領。その名が小鳥のカナリアに由来すると思っている人は多いようだ。だが、意外にもそのルーツは鳥ではなく犬にある。その昔、ローマ人は、この島々を野犬がたくさんたむろしていたことから、ラテン語で犬の島を意味する「インスラエ・カナリアエ」と呼び、やがて、カナリアエが「カナリア」に変化したのだという。時代が下がり、大航海時代になると、今度は、スペインがカナリア諸島を航海の中継基地にした。すると、この島々に生息する美しくきれいな鳴き声の鳥が、スペイン国内で貴婦人たちの愛鳥として人気を博した。そして、この鳥が「カナリア」と呼ばれるようになったのだ。

221日目

スペイン

先端技術で工期が縮まったサグラダ・ファミリア

教会の入場口は生誕の門と受難の門。エレベーターで塔の上まで昇ることができる

ヨーロッパ

　スペインの有名な観光スポットといえば世界遺産のサグラダ・ファミリア。ご存知、アントニ・ガウディが手がけた未完の教会である。着工は1882年。当時、まだ無名だったガウディは、途中から建築を引き受け、設計を一からやり直したという。ゴシック様式に幾何学を採り入れた独自の構造と独創的なデザインが人々を魅了している。1926年の死後に、ガウディは詳細な設計図を残しておらず、現在は、わずかな資料を元に、彼の設計構想を推測する形で建築が続けられている。かつては、完成までに300年が見込まれていたが、3Dプリンターやコンピューター制御の石材加工機の登場で工期が大幅に短縮され、現在は、2020年代の完成が見込まれている。

ポルトガル

天ぷらのルーツは ポルトガルにあり

衣をつけて揚げるインゲン豆のフリット「ペイシーニョシュ・ダ・オルタ」は天ぷらそっくり

今や日本を代表する料理「天ぷら」。日本人の純オリジナルと思いきや、そのルーツは、意外にもポルトガルにある。原型となったのはインゲン豆を揚げた「ペイシーニョシュ・ダ・オルタ」というポルトガルの典型的な田舎料理。「畑の魚」という意味で、形が小魚に似ているためこの名がある。この料理に、日本人は、日本でとれるいろいろな食材を採り入れて、世界的にも有名な「天ぷら」を生み出したのである。それゆえ、その語源もポルトガル語で「料理」を意味する「テンペロ」にあるのではといわれている。ポルトガル人は、大航海時代に、世界中の味を採り入れた一方で、日本にも訪れ、日本をはじめとする各国の料理法に影響を与えたのだ。

DATA 正式名称：ポルトガル共和国　首都：リスボン　面積：9万1,985km^2　人口：約1,029万人

223日目

ポルトガル

お米も大好き！ グルメのポルトガル人

魚介とお米が豊富なポルトガル料理の定番、タコの海鮮リゾット。汁気は多め

ポルトガル人は、ヨーロッパの中でもとりわけグルメな人たち。かつて大航海時代に、国外のあちこちでおいしいものに出会い、多種の食材や香辛料を持ち帰って世界中の味を手に入れたのだから、それも頷ける。たとえば、お米。ヨーロッパ人が、あまり食べない中で、この国の人たちは、ダントツでお米を食べている。FAO の統計を見ると 2017 年の 1 人あたりの年間消費量は 20.46kg で、ヨーロッパ 2 位スペイン 11.84kg の 2 倍近く、ヨーロッパ平均 6.63kg の 3 倍以上も食べているのだ。供し方も、ただ炊くだけじゃなくて、鴨と一緒に炊き込んだり、魚介類の旨味を活かしたリゾットにしたりと、米のおいしさを引き出すメニューが豊富にある。

224日目

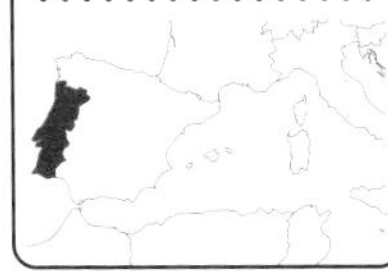

ポルトガル

“赤玉ポートワイン”のお手本はこの国にあった

ポートワインはポルトガル北部のポルト港から出荷される

NHKの朝ドラ「マッサン」で再注目された明治時代の「赤玉ポートワイン」。そのお手本となった**ポートワインとはポルトガルの名産品**だ。これはスペインのシェリー酒と並ぶ酒精強化ワインで、ブドウの糖分がアルコールに分解される途中でアルコール度77%のブランデーを加えて造る。このときに発酵が止まり残された糖分によって甘口に仕上がるのだ。味と共に代名詞になっているのがその色。美しい赤紫色は宝石に例えられ「ルビー・ポート」と呼ばれる種類もある。日本人は、その甘味と色味にこだわって製品開発した。現在、日本版は「赤玉スイートワイン」と名を変えているが、本家と飲み比べながら、明治人の海外への憧れに思いを馳せるのもいいだろう。

ヨーロッパ

ジブラルタル

滑走路に遮断機が降りる空港がある!?

イベリア半島の南東端に突き出た半島の町がジブラルタル。1713年のユトレヒト条約によってイギリス領になっている。ジブラルタル海峡を挟んで対岸は北アフリカのモロッコだ。域外で発生した収入などに税金がかからないため世界中の企業が法人を設立するタックスヘイブンとして知られている。半島内には平坦部がほとんどなく農耕などには不向きなので、ジブラルタル政府は法人からの手数料を貴重な収入源にしている。空の玄関として、立派にジブラルタル空港を持っているが、何せ用地がないので、滑走路には他所では見られない設備がある。それは“踏切”。**スペインとを結ぶ道路上を飛行機が低空で飛ぶときに遮断機が降りるのだ。**

アフリカ

226日目

ジブチ

日本の猛暑どころじゃない炎熱地獄

年間平均気温が約30℃、年間の降雨量は130ミリ。乾燥した晴天が続く

日本では気温が35℃を超えると猛暑日となる。しかし、ジブチの暑さは、そんな生やさしいものではない。6月から9月にかけての夏季、**日中の気温は常に体温を上回り、ハムシーンという熱風が吹くと、日なたではなんと65℃**くらい、日陰でも50℃くらいまで上昇する。気温が50℃を超えてくると人は呼吸困難になり着ているシャツが燃えているように感じるそうだ。また、炎天下に焼けたコンクリートを裸足で歩けば、たちまち足の裏が大火傷を負うほどという。厳しい暑さが来ると、現地の人たちは、草葺きの小屋を建てて上からオアシスの水をかけ、急速な蒸発による気化熱で内部を冷やすという天然クーラーの知恵で身を守っているそうだ。

DATA 正式名称：ジブチ共和国　首都：ジブチ　面積：2万3,200km²　人口：97.4万人

227日目

ナイル川

21世紀、ナイルの賜物は誰の手に?

エチオピア中部の青ナイル川源流付近。下流には「大エチオピア再生ダム」が建設された

ナイルはアフリカ最長の川。**全長6670kmは、東京～ホノルル間約6300kmを上回る長さ**だ。エジプトはナイルの賜物という言葉があるように、その豊富な水量で四大文明の一つを育んだことは世界史の初歩。しかし、大河の盟主・エジプトの地位は、もはや過去のもののようだ。上流に位置する国々が自国の発展のためナイルの開発にしのぎを削っているからだ。スーダンは農業と電力の生産を強化すべく整備を進め、タンザニアとウガンダもナイルの水源ヴィクトリア湖で灌漑を推進し、エチオピアも青ナイルに水力発電用の巨大ダムを建設中である。限られた水の恵みを流域各国でどう共有するか? 川が育んだ賜物、文明世界の叡智が試されている。

228日目

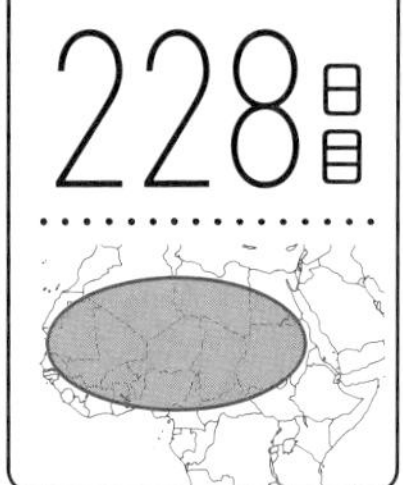

サハラ砂漠

砂漠を覆った雪化粧

世界中で異例の気象現象が起きた2018年、砂漠の雪に世界が驚いた

褐色の砂漠に白い薄化粧―。この光景は、2018年1月にサハラ砂漠で撮影されたもの。その名がアラビア語で「砂漠」を意味する、この荒涼とした大地で異例の積雪が確認されたのだ。「サハラへの入口」といわれるアルジェリアのアインセフラという町でのこと。公式な観測では1インチ（約2.54㎝）に満たないものだったが、場所によって40cm近く積もったという証言もあった。夏の間は、気温が地球上でトップクラスの高さに上昇するこの地だが、**冬の間は、夜間に気温が急落するため、ごく稀に、このように雪に覆われる**ことがある。過去40年の中では3度目の積雪になった。2021年1月にも積雪が観測された。

アフリカ

229日目

モロッコ

世界一過酷なサハラマラソン

参加者はコースマップとコンパスを持って走る。完走率は毎年80%を超えるという

サハラ砂漠の西に位置するモロッコで行われる「サハラマラソン」は世界一過酷なレースといわれている。毎年変わる**約250kmのコースを6日間かけて横断**するもので、日中は気温50℃の灼熱の中を走り、夜は気温5℃の寒さを大会が用意するテントでしのぐ。他に提供されるものは**決まった量の水のみで、そのほかの機材と食料は全てランナーが自前で用意**するため、ザックの重さは8～12kgにもなる。砂は足に重いだけでなく、靴に入り込むのが厄介で、距離を行くにつれ足の皮膚をこすり、最長80kmを走る4日目には、多くの選手が水ぶくれに苦しむ。厳しいレースにも関わらず、毎年、定員の1200人を超える応募者が殺到しているそうだ。

DATA 正式名称：モロッコ王国　首都：ラバト　面積：44.6万km²　人口：3,603万人

230日目

モロッコ

アフリカが誇る再生可能エネルギー先進国

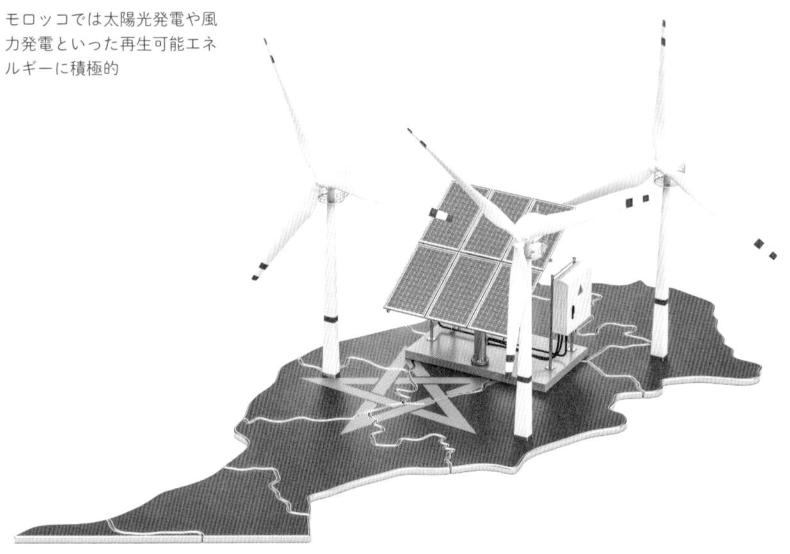

モロッコでは太陽光発電や風力発電といった再生可能エネルギーに積極的

アフリカ

アフリカ大陸の北西端でジブラルタル海峡を挟んでスペインと向き合っているのがモロッコ。映画『カサブランカ』の舞台となり、ヨーロッパ文化とイスラム文化が混在したその雰囲気は観光客を惹きつけている。この国で今、進められているのが再生可能エネルギーの導入だ。電源構成に占めるその割合を**2030年までに52%に増やすことを目指し、2019年には既に35%に達した**と発表されている。背景には、この国に大規模な油ガス田がなく、一方、同国南部がサハラ砂漠に面し、日射量が豊富で太陽光発電に向いていることがある。スペインとの間には電力融通のための連系線が結ばれ、電力ネットワークによってもヨーロッパとのつながりを深めている。

231日目

アルジェリア

巨大な迷路のような旧市街「カスバ」とは?

アルジェの旧市街には宮殿やモスクがあり、アラブの雰囲気が色濃く残る

アフリカ

アルジェリアに行ったら、ぜひ、見ておきたいのが「カスバ」だ。これは、**旧市街にある、巨大な迷路のような居住地域のこと**。アルジェのカスバは、白亜の家々が重なり、階段状の路地が縦横に入り組んだ景観で美しい街区として知られ、歴史的価値も高く、1992年にユネスコの世界遺産に登録された。カスバとは、英語の「キャッスル」と同語源で「城砦」を意味する。もともとはオスマン・トルコが支配した16世紀から19世紀に築かれたもので、入り組んだ構造は乾燥地の強い日差しと外敵の侵入を防ぐものだった。オスマン朝時代の壮麗なケチャーワ・モスクなどを擁し、今も、アルジェの人たちの生活、そして、文化のよりどころとなっている。

DATA 正式名称：アルジェリア民主人民共和国　首都：アルジェ　面積：238万km²　人口：4,220万人

232日目

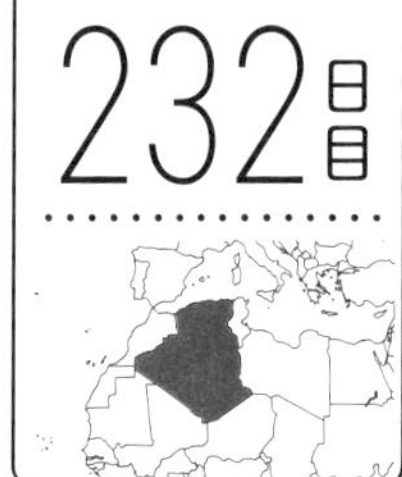

アルジェリア

世界的な著名人を多く輩出したその理由

アルジェリアの首都
アルジェの風景

アフリカ

　アフリカ大陸の北西部にあって地中海に面するアルジェリア。植民地時代の影響からか首都アルジェの新市街はフランスの雰囲気が漂い、「北アフリカのパリ」と呼ばれている。旧宗主国とのつながりは今も深く、フランスへ渡って世界で活躍する同国出身者は多い。例えば、ファッション・デザイナーとして一世を風靡したイブ・サン・ローラン。彼は同国第２の都市オランの生まれ。2020年のコロナ禍でその作品『ペスト』が再注目されたノーベル賞作家アルベール・カミュは、地中海に面するドレアンの生まれ。サッカー選手としてフランス代表をワールドカップ優勝へ導いたジネディーヌ・ジダン監督は、両親がアルジェリア出身の移民２世として知られている。

233日目

チュニジア

その昔、ローマ帝国に対抗した強国だった!?

ローマ時代に建設された公共浴場や円形劇場などが残るカルタゴ遺跡

紀元前2～3世紀、ローマ帝国が、屈服させるのに三度の戦争を要した強国が現在のチュニジアにあった。カルタゴという都市国家である。建設したのはフェニキア人。卓越した造船・航海技術を駆使して交易を行った古代地中海世界随一の商業民族だ。彼らの本拠地がカルタゴであった。その建設は前8世紀後半に遡るとされ、前5世紀頃には都市計画に基づく整然とした都市の姿を持っていた。しかし、前146年の第三次ポエニ戦争でローマに屈して滅ぼされ、都市は徹底的に破壊し尽くされローマ領になったのだ。**現在、残るカルタゴ遺跡で見られるものは、ほとんどがローマ時代のもの**で、古い港の跡など、フェニキア時代のものはわずかだ。

DATA 正式名称：チュニジア共和国　首都：チュニス　面積：16万3,610km²　人口：1,169万人

234日目

チュニジア

革命の呼び名は花の名前

チュニジアの国旗の三日月と星はイスラム教の象徴であり、幸運のシンボル

2011年、北アフリカ・中東のアラブ諸国で民主化の波が波及した「アラブの春」が起こった。発端となったのがチュニジアの民主化革命である。貧しい野菜売りの青年が当局の摘発に抗議して焼身自殺したことをきっかけに民衆デモが広がり、ついには、長期独裁を敷いたベンアリ政権が終焉を迎えるというものであった。民主化の要求は他の周辺アラブ諸国にも広がり、エジプトやリビア、イエメンでも政権交代が起こった。政変がエスカレートし、内戦に発展した国もあるが、チュニジアでは新憲法制定と議会・大統領選を経て2015年2月に正式政府が発足した。発端となった同国の革命は国を代表する花から「ジャスミン革命」と呼ばれている。

235日目

スーダン

2つのナイルはハルツームで出会う

ハルツームの白ナイルと青ナイルが合流する地点

ナイルの大河は、エジプトより上流で白ナイルと青ナイルという２つのナイル川が合流してより大きくなる。その出会う場所がスーダンの首都ハルツームだ。**白ナイルはウガンダのヴィクトリア湖に発する川、青ナイルはエチオピアのタナ湖に発する川**。合流地点では、それぞれの白濁した流れとエメラルド色の流れのコントラストを見ることができ、観光客に人気のスポットとなっている。また、この立地を活かして、周辺には灌漑用水を引いた一大耕作地が広がり、サトウキビ、綿花、落花生などが栽培されている。スーダンでは30年にわたった独裁政権が2019年に崩壊し、現在は復興の途上にあり、農業はこの国の経済において重要な役割を担っている。

DATA 正式名称：スーダン共和国　首都：ハルツーム　面積：188万km^2　人口：4,281万人

236日目

リビア

アフリカ一の埋蔵量を誇る石油が経済再生のカギ

リビアの経済復活のカギは
石油輸出の再開

リビアは世界有数の石油産出国。国際石油資本 BP 社の統計によると**2019 年の確認埋蔵量約 484 億バレルは世界第 10 位、アフリカでは首位**だ。油田開発は 1955 年から進められ、国際的な石油メジャーも参入し、1970 年には日量 370 万バレルという記録的な水準を達成している。1969 年リビア革命で成立したカッザーフィ政権は、アメリカ主導の経済制裁の影響などにより一時生産量を落としたが、その政権運営において経済成長の頼みとしたのは石油であった。2011 年アラブの春でカッザーフィ政権が倒れ、その後の内戦と混乱により石油部門は大きな打撃を被っているが、経済を安定させ国を再建させるためには石油生産を回復させることがカギとなっている。

 DATA 正式名称：リビア　首都：トリポリ　面積：176 万 km^2　人口：668 万人

237日目

リビア

首都トリポリの名前に隠された歴史

トリポリの東方にあるレプティス・マグナは、北アフリカ最大のローマ遺跡

リビアの首都トリポリ。この名前は「トリポリス」つまり、「3つの都市」から来ている。今から3000年ほど前、アフリカ大陸の地中海沿岸には、地中海交易で栄えたフェニキア人の植民都市が並び、中でも「サブラータ」「オエア」「レプティス・マグナ」の3都市は「トリポリタニア」と呼ばれて重要視されていたのだ。オエアは、その後3000年間、人が住み続け、今のトリポリになった。サブラータ、レプティス・マグナは、古代ローマ都市として栄えた時代の遺跡が今に残り、ともにリビアの世界遺産になっている。2011年のアラブの春が皮肉にも内戦へと発展し、いまだ混乱が収まらないリビアであるが、その国土は誇り高き歴史に彩られているのだ。

238日目

エジプト

エジプトといえばナイル川 その今昔

ナイル川とエジプト・カイロの中心部の眺め

アフリカ

エジプトはナイルの賜物。秋に氾濫し、肥沃な土を運んだ**この大河が古代の小麦栽培を支え、文明を育んだ**。ほとんど砂漠に覆われた国土のうち、わずか4％ほどのナイル川沿いの土地に昔も今も人々は住み、古代王国を、そして、現代の都市を築いた。この川と人々との関係が変わり始めたのが19世紀。大規模な土木工事を施すようになった。イギリスへの輸出で多大な富をもたらした綿花栽培のためだ。こうした人為的に川を支配しようとする試みの一つの到達点が1971年のアスワン・ハイダムの完成だといえる。一連の近代的な治水事業は川の利用水量を増やしたが、古くからの洪水がなくなったことで農耕地の塩害が発生するなど新たな問題も引き起こしている。

DATA 正式名称：エジプト・アラブ共和国　首都：カイロ　面積：約100万km²　人口：9,842万人

239日目

エジプト

方言に残る古代エジプト人の名残

ギザの三大ピラミッド。多くの古代エジプト人の手によって建設された

古代エジプト王国が栄えたこの地がイスラム勢力に征服されたのが640年のこと。現代のエジプト人はアラビア語を話す"アラブ人"だが、基本的には古代エジプト人と同じ人たちだ。その名残りとして、**アラビア語のエジプト方言には、古代エジプト語由来の言葉が多く残っている**ことが指摘されている。例えば「ヘイ・ラ・ホップ」。これは、みんなで重い物を持ち上げるときに使う掛け声の一つ。そのルーツは、古代エジプト語の「イ・ラ・ホテップ」にあるのではないかといわれている。その意味は「おお！ 太陽神ラーが満足している」。太陽信仰の象徴であるピラミッドを建設する際に、作業員がこの掛け声を合わせて巨石を運んでいたことは想像に難くない。

エジプト

ヨーロッパとアジアをつなぐスエズ運河

全長193.3キロメートルのスエズ運河。エジプトのスエズ運河庁が運営する

アフリカ

スエズ運河といえば、パナマ運河と並ぶ世界二大運河の一つ。地中海と紅海を結ぶこの運河が開通した1869年以前は、ヨーロッパとアジアの航行は、アフリカ大陸を大きく迂回しなければならなかった。運河の需要は高く、通過する船舶は2018～19年度の1年間で1万9000隻にも及び通行料収入は約57億ドル。**これはパナマ運河の通行料収入のほぼ2倍に達し、エジプトの主要な外貨収入源**になっている。じつは、この運河、2015年に双方向通行を可能とする拡張工事を終えたばかり。ピラミッド200個分もの土を掘り出す大工事だったもののエルシーシ大統領肝いりの事業だったため、工期遅れが常の同国でわずか1年で完成してしまったそうだ。

241日目

モーリタニア

タコがとりもつ モーリタニアと日本との縁

モーリタニアは、アフリカ大陸の北西端にあり、大西洋に面した国である。あまり馴染みのない国……、そうお思いかも知れないが、じつは食卓では、大変お世話になっている。**それは「タコ」。日本への輸入国トップがこの国なのだ**。2019年の財務省の統計によると、モーリタニアからの輸入量約1万2000トンは、日本の全輸入量のおよそ3割にもなる。モーリタニアにとっても日本は、主要な輸出品である水産物のうち、とりわけタコの主たる輸出先になっている。ちなみに**モーリタニアの人たちにタコのとり方を教えたのは日本人**。技術協力でタコ壺漁を教えてから広まったという経緯がある。「他己」の利益を尊重し合った結果といえるだろうか。

DATA 正式名称：モーリタニア・イスラム共和国　首都：ヌアクショット　面積：103万km²　人口：453万人

242日目

リベリア

その名が示すものは独立の自由

リベリア最大の都市モンロビアは、政治や経済の中心地

アフリカ

リベリアはアフリカ最初のアフリカ系国民による共和国。その成立はアメリカで奴隷が解放された1863年より早い1847年。じつは、その経緯にはアメリカで奴隷制に反対した人たちが深く関わっている。当時、リンカーンだけではなかった奴隷反対論者は、アフリカ系の奴隷を自由の身にして故郷の大陸に帰す運動を起こした。ジョージ・ワシントンの甥・パシュロッドが設立した**奴隷解放教会はアフリカに買った土地に、こうした解放奴隷を住まわせ、この街が礎となったのがリベリア**だ。この国名は、英語で自由を意味する「リバティ」にちなんで名づけられたもので、首都の「モンロビア」も、建国時に援助を惜しまなかったモンロー大統領にちなんだものだ。

DATA 正式名称：リベリア共和国　首都：モンロビア　面積：11万1,370km²　人口：482万人

243日目

コートジボワール

チョコレート生産国の甘くない現実

カカオの実は枝や幹からぶら下がるように実る。収穫後、発酵、乾燥させて出荷する

アフリカ

ほろ苦い甘さが、その魅力……。今日、食べたチョコレートの原料はコートジボワール産かも知れない。この地は、**カカオ豆の世界最大の産地で世界シェアの約４割を供給**しているのだ。生産はフランス植民地時代から続き、かつて象牙海岸と呼ばれたこの地では、カカオ農園がどこまでも続く。ただ、農民たちの暮らしは、現代になっても貧しいまま。カカオから得られる収入はわずかで、その価格は、小売店で売られるチョコレートに含まれるうちの百分の一足らず。学校に通えずに、家の農作業を手伝う子どもたちの中には、ラグビーボールのような形をした実の中に入っている30～40粒の豆が何に使われているのか知らないという子もいるのだ。

DATA 正式名称：コートジボワール共和国　首都：ヤムスクロ　面積：32万2,436km²　人口：2,507万人

244日目

ギニア

日本人測量士が国づくりのヒーローに?

ギニアで日本人測量士が尊敬されていることを知る人は少ないだろう。1958年、フランス領だったこの国は、国民の圧倒的支持によって完全独立をキッパリ表明した。怒ったフランスはギニアの公共施設を破壊し、重要書類も持ち帰ってしまった。その中には「国土基本図」も含まれていたのだ。困ったことに、国づくりに欠かせない地図である……。そして**1977年、日本政府のODAにより派遣されたのが40人のベテラン測量士**。気温40℃の暑さ、吸血バエの来襲、地元部族の反発と格闘しながら、5年の歳月をかけて完成させたのが新しい国土基本図であった。これがギニア再建の大きな力となり、日本人への感謝の念は今でも語り継がれている。

DATA 正式名称：ギニア共和国　首都：コナクリ　面積：24万5,857km²　人口：1,277万人

245日目

ガーナ

独立の父が造った世界最大級の人造湖

ガーナ南東部にあるアコソンボダム。フェリーや貨物船も運航されている

ガーナにあるヴォルタ湖は、世界最大級の人造湖。その大きさ約8500㎢は広島県とほぼ同じサイズである。熱帯高温の影響を受けるガーナでは雨量に恵まれ、国内を黒ヴォルタ川、白ヴォルタ川という2つの大河が流れており、この**両大河をアコソンボダムで堰き止めたのがこの湖**である。ダムの建設は1961年のこと。独立の父といわれる初代大統領エンクルマが、国内の工業化を図ろうと水力発電を行うために計画したものであった。エンクルマは、1966年、軍事クーデターによって政権を追放されてしまうが、同年、ダムは完成し、人造湖は水を湛えた。現在、アコソンボダムによる水力発電は、ガーナ全土の54%の電力をまかなっている。

DATA 正式名称：ガーナ共和国　首都：アクラ　面積：23万8,537km²　人口：約3,042万人

246日目

トーゴ

泥で造られた美しい家に住む人たち

タンベルマ族の集落。トーゴ北部の山地にあり、トーゴで唯一の世界遺産エリア

波打つ土壁の美しい佇まい。曲線を愛したガウディも彷彿とするような、現代建築の趣さえ感じさせる。この家、アフリカの西南、ギニア湾に面した国**トーゴ北部の山地に住むタンベルマ族の人たちが手作りしている住まい**である。建材は土とカヤ。付近で採れる**粘土質の土を練って、層状に壁を積んで建てている**。一歩足を中に踏み入れると、内部も同じような土造りの曲線の内壁で仕切られていて、2階までしつらえてある。階上には寝床があって、そこはまるで母の子宮に帰ったような空間となる。このような家の造りは、タンベルマの人たちが信じている、人間や動物、自然現象などに霊魂が宿ると考えるアニミズム宗教に関わりがあるそうだ。

DATA 正式名称：トーゴ共和国　首都：ロメ　面積：5万4,390km²　人口：808万人

247日目

ブルキナファソ

アフリカ大陸最大の映画祭

この映画祭が刺激となってブルキナファソからは映画監督が輩出している

ブルキナファソで熱いのは映画。**首都ワガドゥグは、アフリカ大陸最大の映画祭が開催される**町である。その名は「フェスパコ映画祭」(ワガドゥグ全アフリカ映画祭)。開催は2年おきで1週間の期間中に世界中から多くの人が集まる。創設は、フランスから独立して間もないこの国が、まだ「オートヴォルタ共和国」と呼ばれていた1969年、映画を愛する人たちの主導によるものであった。映画の組織を持たない国民が、アフリカの重要な作品群に触れられるようにと始められたのである。貧国の一つであり、上映の途中で機械が故障してしまうと、その夜は中止なんてことが今でもある中で、まめまめしく開催を続け、2019年には無事に50周年を迎えた。

DATA 正式名称:ブルキナファソ　首都:ワガドゥグ　面積:27万4,200km²　人口:2,032万人

アフリカ

248日目

アフリカの国々

アフリカに赤・黄・緑の国旗が多いのはなぜ?

エチオピアのアディスアベバ「アフリカホール」に掲げられるアフリカ各国の国旗

アフリカ諸国の国旗を見てみよう。赤、黄、緑の組み合わせが多いと思わないだろうか。エチオピア、セネガル、カメルーン、ガーナ、ブルキナ・ファソ、ギアナ……。ちょっと挙げてみるだけでもこんなにある。**この三色は「汎アフリカ色」と呼ばれ“緑”は労働・土地の良いこと・発展、“黄”は希望・正義・平等、“赤”は自由と平等を求めて流された血**を表している。この色使いを最初に採り入れたのはエチオピアだ。この国は、アフリカのほとんどの国がヨーロッパに植民地化されていた中でも最後まで独立を守った国である。その後、独立を勝ち取ったアフリカ諸国が国旗を制定する際に、エチオピアをリスペクトしてこの配色を採り入れたというわけだ。

アフリカ

249日目

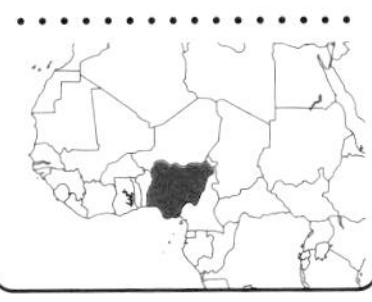

ナイジェリア

アフリカ人口爆発のトップランナー

人口は世界第7位。アフリカ総人口の5分の1以上がナイジェリアに住む

国連の世界人口推計によると**ナイジェリアの人口は、2019年に約2億96万人**になり、初めて2億人の大台に乗った。1億人を突破したのが1992年だったので、わずか30年足らずで1億人上乗せして倍になった計算である。アフリカでは人口増加が続いていて、特に**ナイジェリアを含むサハラ砂漠以南のサブサハラの人口爆発**が著しく、2050年には世界の4人に1人がアフリカ人になるといわれている。人口増加の背景には貧困がある。貧しい地方農村では、働き手を得るため、また、子どもの中の一人が将来出世すれば家族を養ってもらえると考え、そして、幼くして亡くなる子どもが多いこともあり、子を多く産もうとする世帯が多いのだ。

DATA 正式名称：ナイジェリア連邦共和国　首都：アブジャ　面積：92万3,773km²　人口：2億96万人

250日目

チャド

アメーバみたいに伸び縮みする湖がある?

チャド湖で漁をする人々。近年は湖の縮小傾向が止まっているという報告もある

アフリカ

チャド湖は、時代によって大きさを変える不思議な湖。1960年代は2万1000㎢もあってチャド1国のみならずニジェール、ナイジェリア、カメルーンの4カ国にまたがって湖水を湛えていた。ところが**年とともに縮小し、2010年にはチャド1国の中に収まる15分の1のサイズ**になってしまった。化石の分析などから歴史的にも拡大と縮小を繰り返していることがわかっていて、直近1000年間では6回も干上がったことが確認されている。ただ、近年の急激な変化は、気候変動に加えて、灌漑農業や牧畜など人間の活動の影響が指摘されていて、貴重な淡水湖を守るため上記4カ国によるチャド湖流域委員会が発足して調査などを行っている。

DATA 正式名称：チャド共和国　首都：ンジャメナ　面積：128.4万km²　人口：1,548万人

251日目

南スーダン

最前線で銃を持つのは子どもの兵士たち

沼で釣りをする南スーダンの少年。子どもたちが笑顔で暮らせるような平和な日は訪れるのか

2011 年にスーダンから独立した南スーダン。**“世界一若い国”**として歩み始めた直後からキール大統領とマシャール副大統領の両派が対立し、それぞれの支持基盤による民族間紛争となった。2020 年に暫定政府が樹立したが、安定した平和につながるかは、まだ不透明である。紛争中、両派はこぞって 10 代の子どもたちを戦いに動員した。武装グループが家まで押しかけ、無理やり戦闘員に引き込まれることが行われ、その数は約 1 万 9000 人と見られている。子どもたちは、銃の撃ち方を教え込まされ、最前線に連れて行かれ、戦闘や飢餓、病気で命を落とした。解放されたり、逃げたりできた子どもも、心的外傷後ストレス障害（PTSD）などに悩まされる恐れがある。

DATA 正式名称：南スーダン共和国　首都：ジュバ　面積：64 万 km^2　人口：1,258 万人

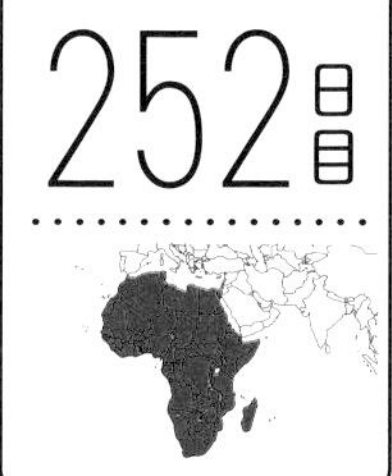

アフリカの国々

人類誕生の地、アフリカ

アフリカ大陸を南北に縦断する大地溝帯。総延長が7000kmに及ぶ巨大な谷

直立二足歩行をした最古の人類とされるのはアルディピテクス・ラミダス。その化石が発見されたのは東アフリカのエチオピア。この我々の祖先がアフリカの森でわざわざ足で立ち上がったのは、オスがメスに手で食物を運んだことによるという説が有力だ。そして、東アフリカでは、今から約1000万〜500万年前頃、地下のマントルの上昇が大陸を引き裂き、**南北に走る巨大な谷「大地溝帯」が形成**された。谷の両側にできた山脈は、西からの湿った風を遮り、東側の森は乾燥したサバンナへと姿を変えた。果物や木の実が乏しくなったこの地では、遠くから食物を手で運べる能力が生存競争に有利となり、ラミダスは現生人類への道を歩み始めたのだ。

253日目

エチオピア

独自路線をゆく古式ゆかしいキリスト教

エチオピア正教会の聖書。エチオピア正教には断食も義務づけられている

アフリカのキリスト教国の中でエチオピアはほかに類を見ない。**旧約聖書の時代の古いユダヤ教の要素が残り**、モーセの十戒の本物の石板が入っているとされる契約の箱「アーク」が伝わっていたり、割礼や安息日を頑なに守っていたりする。かと思えば、典礼は歌と踊りを交えて非常にアフリカ的。この地では、紀元前に、旧約聖書のソロモン王とシバの女王の血を引くメネリク一世が開いたとされる古代アクスム王国がかつて栄え、４世紀にキリスト教国となり、後に王国が衰退しても、**周辺国がイスラム化しても、連綿と伝統を受け継いできた**のである。そのエチオピア正教会は2700万余の信徒を擁する東方オリエント教会の中で最大の教団となっている。

DATA 正式名称：エチオピア連邦民主共和国　首都：アディスアベバ　面積：109.7万km²　人口：約1億1,207万人

254日目

ジブチ

なぜ？　小国に各国の軍隊が集まる理由

ジブチ港の船と貨物船。首都ジブチ・シティには人口の7割が集中する

アフリカ

アフリカ北東部、アデン湾に突き出た「アフリカの角」。ここに位置するジブチは、秋田県２つ分ほどの国土しか持たない。この小さな国に**アメリカ、フランス、ドイツ、イタリア、スペイン、中国といった世界の国々が軍隊を置いていて、日本も自衛隊を派遣**している。なぜかというと、この地はインド洋から紅海、スエズ運河、地中海へと抜ける海上航路の要衝にあり、2009年頃からアデン湾で海賊事件が多発していて、関係各国が商船などを保護する目的で海賊対処部隊等を送っているためだ。また、他方のジブチには、厳しい気候が農耕に適さず、天然資源もなく、大きな収入源がないため、基地の誘致が外貨獲得の手段になっているという事情もある。

DATA 正式名称：ジブチ共和国　首都：ジブチ　面積：2万3,200km²　人口：97.4万人

255日目

ソマリア

無政府状態に陥り 20年以上も続く

1960年の独立時に犠牲になった兵士を祀る、首都モガディシュにある無名戦士の墓

アフリカ北東部、アデン湾に突き出た「アフリカの角」を占めるソマリア。この国では1991年、**反政府勢力・統一ソマリア会議の武装組織が首都モガディシュを制圧**し、大統領を追放、その間に北部地域が「ソマリランド共和国」を名乗り独立を宣言してしまうという事態が発生した。これをきっかけとした**無政府状態は、以後20年以上も続く**こととなったのだ。いってみれば戦国武将のような群雄割拠の武装勢力が好き放題に内戦を繰り返していたような状態である。その間、モガディシュはアフリカで最も危険な場所と呼ばれた。国際社会の協力も得ながら、再び議会を招集し、内閣が発足し、統一政府が樹立されたのは、2012年のことである。

DATA 正式名称：ソマリア連邦共和国　首都：モガディシュ　面積：63万8,000km²　人口：1,400万人

ケニア

なぜケニア人選手はマラソンが強いのか?

ケニアの大地溝帯(グレート・リフト・バレー)あたりでは、多くのマラソン選手が練習に励んでいる

ケニアといえばマラソン。その強さの秘密はなんだろうか?日本のある研究によると、世界最高記録を樹立したケニア人選手は、日本人選手よりも心臓が1.6倍大きく、筋肉量も1.3倍多かったそうだ。ケニア人選手の**多くは東部の高地出身で、一つには空気の薄さで心肺機能が発達**していると考えられる。さらに、彼らの"つま先走行"は、足裏と地面との接触を少なくするもので、乳酸の蓄積を抑えていることもわかった。広大なサバナでは、小さい頃から、裸足で長距離を走って移動するのに日常的に慣れている。足に衝撃を与えず、足の裏を傷つけないつま先走行は自然に身についていた。自然環境と伝統的な社会環境がマラソン王国を支えていたのだ。

DATA 正式名称:ケニア共和国　首都:ナイロビ　面積:58.3万km²　人口:5,257万人

257日目

ケニア

赤道近くに氷河があるって本当?

ケニア側(北側)から望むキリマンジャロ。山域は国立公園として世界遺産に登録された

「キリマンジャロ」といっても、ここではコーヒーの銘柄ではない。そもそもは**ケニアとタンザニア国境近くにあるアフリカ最高峰の山**のことだ。その名は「輝く山」の意味で「輝く」というのは、**一年中、山頂付近に氷河や氷雪を頂いている**からだ。ここで、アフリカに雪!? と驚く人がいるかも知れない。実際、キリマンジャロは赤道からたった300km しか離れていない。なぜ、赤道近くで、氷や雪があるかというと、山頂は標高が 5895m もあり気温がとても低いためだ。しかし、近年、温暖化の影響で、この氷原は減少の一途を辿っている。ヘミングウェイの小説のタイトルにもなった「キリマンジャロの雪」は、今、危機に瀕しているのだ。

258日目

マダガスカル

日本人よりも お米が大好きなアフリカ人

消費量は日本の2倍。お米が主食というマダガスカルの稲作

アフリカ大陸南部の沖合にある島国マダガスカル。そこにいる人々は、なんで？ と思うほどアジア的だ。例えば、話している言語はインド洋を挟んで6400kmも離れているインドネシアやマレーシアに近いオーストロネシア語族インドネシア語派に属し、古くからの伝統宗教も東南アジアと共通の要素が多々ある。また、**お米が大好きで、一人あたりの消費量は日本人をしのぐほど**。住んでいる農村には、まるでアフリカっぽくない田園風景が広がっている。彼らの祖先は、恐らくアジアから丸木舟で季節風に乗ってやってきたと考えられていて、大航海時代のずっと前の紀元1000年頃には、この地にインドネシア系住民が住んでいたことがわかっている。

 DATA 正式名称：マダガスカル共和国　首都：アンタナナリボ　面積：58万7,295km²　人口：2,697万人

259日目

タンザニア

キリマンジャロコーヒーの故郷

コーヒーの実。見た目も大きさもサクランボそっくりで、コーヒーチェリーと呼ばれる

キリマンジャロといえばコーヒーの人気銘柄。その生産国がタンザニアだ。タンザニアはアフリカ大陸の東部に位置し、国土の大部分は標高1000m強の高地で、その頂点が、ケニアとの国境に位置する、標高5895mのアフリカ大陸最高峰キリマンジャロ山。**この山の中腹、標高1500m～2500mの高地には、コーヒー園が広がっていて**、ここで栽培・収穫されるコーヒー豆がキリマンジャロコーヒーだ。一帯は、降水量が豊富で、また高地ならではの寒暖差の大きさがコーヒー栽培に適しているといわれている。味の特徴は上質で強い酸味と、しっかりしたコク、雑味のない後味。カフェで見かけたら、アフリカの大地を想いながら堪能してみよう。

DATA 正式名称：タンザニア連合共和国　首都：ドドマ　面積：94.5万km²　人口：5,632万人

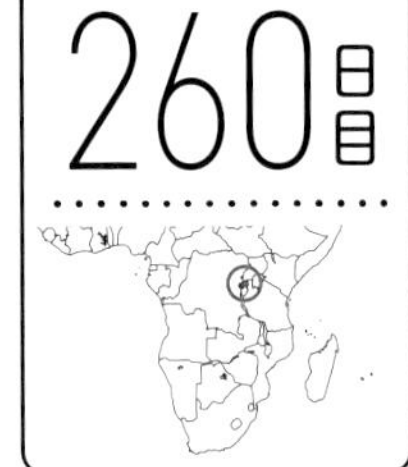

260日目

ルワンダ

犠牲者80万人の悲劇 現在の姿は?

人口の1割が犠牲になったという内戦を経てきた、首都キガリの町

1994年、ルワンダのハビャリマナ大統領を乗せた専用機が撃墜された。この事件をきっかけに国内多数派のフツ人が、少数派のツチ人とフツ人穏健派を襲撃するというルワンダ虐殺が発生したのだ。犠牲者は、わずか100日間に80万人にも達した。悲劇は、フツ人出身の大統領が、ツチ人の反政府勢力と和平協定に調印した矢先に起こったことであった。過激派の鎮圧後、フツ人の大統領とツチ人の副大統領による新政権が成立し、出身部族を示す身分証明書を廃止するなど**政府は融和に努め、現在、治安は落ち着いてきている。**端緒となった撃墜事件について、後に、ルワンダの調査委員会は、フツ政権内の過激派が首謀者だったとしている。

DATA 正式名称：ルワンダ共和国　首都：キガリ　面積：2.63万km^2　人口：1,263万人

261日目

ウガンダ

文明の源、人類の起源がここに!?

カンパラの南側にあるアフリカ最大の湖、ビクトリア湖から流れ出す白ナイル川

古代の科学者プトレマイオスの作った地図には、エジプト文明を生んだナイル川の源流として「月の山」が描かれている。その正体とされるのがウガンダにあるルウェンゾリ山。標高5109mはアフリカ3番目の高峰だ。赤道直下の同国ながら、その高さゆえ頂く氷河から発する水は、ビクトリア湖からの流れと一つになり白ナイル川になる。このアフリカ最大の湖も、ウガンダを含む3カ国にまたがるものだ。ルウェンゾリ山は、アフリカ大陸東部を地下からマグマが押し上げてできた大地溝帯が生んだもので、これらの高地の出現が、**熱帯雨林に乾燥したサバンナを生み、そこで、人類が発生した**ともいわれている。なんという神秘の地だろうか。

DATA 正式名称：ウガンダ共和国　首都：カンパラ　面積：24.1万km²　人口4,272万人

アフリカ

262日目

コンゴ

アフリカきっての伊達男たちがいる!?

ファッションだけでなくエレガントな作法と教養を持つのが真のサプールとされる

コンゴの「サプール」たちはアフリカきっての伊達男。その服装にかける情熱はハンパではない。貧国の月給で支払いに何年もかかる**ブランド服で思い思いに身を固め人生を謳歌するファッショニスタたち**だ。長い歴史を持つ文化で、その道に身を捧げる人は憧れの対象にさえなるという。元祖といわれているのがフランス植民地時代に黒人差別反対運動を展開したアンドレ・マツワ。1922年にパリから強制送還されたときに、あえて西洋の装いでビシッとキメて飛行機から降り立ち人々の度肝を抜いたそう。平和運動の象徴にもなっていて、80年代の社会主義政権の下で武器を使わず着飾って抗議の意思を示したサプールたちのことが、今も語り継がれている。

DATA 正式名称：コンゴ共和国　首都：ブラザビル　面積：34.2万km^2　人口：538万人

263日目

ザンビア

世界最大級の大瀑布 ヴィクトリア・フォールズ

雨期には膨大な水量になり、あたりには耳をつんざくような轟音がとどろきわたる

ザンビアといえばヴィクトリア・フォールズ。**幅1708m、落差108mの世界最大級の大瀑布は世界遺産**にもなっている。その名は、ヨーロッパ人として初めて滝を訪れたリヴィングストンが当時の英国女王の名にちなんでつけたものだ。滝が位置するのは、国名の由来にもなっている、これまた雄大なザンベジ川の中ほど。上流では川幅が最大2kmにも達し、**ゆったりと流れてきたこの川が、大瀑布を境に、ジグザグした渓谷の急流に変わる**。滝より上に、太古の昔には巨大な湖があり、水の出口がなかったため面積が日本の国土の約半分に相当する17万5000㎢にも広がっていたそうだ。それが約200万年前にあふれて、滝を創ったという。

DATA 正式名称：ザンビア共和国　首都：ルサカ　面積：75万2,610km^2　人口：1,786万人

264日目

アフリカの国々

国名に結構使われている「黒い人」の言葉

「日焼けした顔の人の土地」のエチオピア。南部のオモ川流域で暮らすハマー族の人々

アフリカ

アフリカ諸国の国名に注目してみよう。自分たちの国の名に「黒い人」という意味の言葉を使っている国が結構あることに気づく。たとえば、スーダン。Sudanというのは、アラビア語で「黒い人」を意味する「Aswad（アスワド）」の複数形。そして、エチオピア。ギリシア語で「日焼けした」を意味する「Aithi」と「顔の人の土地」を意味する「ops-ia」がくっついている。同様にモーリタニアは、ギリシア語で「皮膚の黒い人」を意味する「マウロス」が語源となる「Mauri（モーリ人またはムーア人）」と土地を意味する「tania」がくっついている。ギニアは、モロッコのベルベル語で「黒い人」を表す「Aginaw（アギナウ）」がなまったものだ。

265日目

アフリカの国々

南北で異なるアフリカの主食

アフリカ料理の主食の一つウガリに、おかずの肉や豆類が盛られる

アフリカはサハラ砂漠を挟んで北と南で食文化が大きく異なる。北アフリカではイスラム教の影響が濃く、戒律に則って豚肉は食べず、アラブ人のもたらした**香辛料をよく使い、主食には小麦から作ったクスクスや米**をよく食べる。サハラ砂漠以南の中南部で主食の座を占めているのは**ヤムイモ、バナナ、トウモロコシ、キャッサバ**など。バナナやトウモロコシはパンにして食べる。キャッサバというのは中央・南アメリカが原産の芋の一種。かつて、アメリカ大陸やカリブ海諸国と行き来した奴隷商人がもたらしたものだ。キャッサバなどから採れたでんぷんを熱湯で練った、そばがきのようなウガリはかなり広い地域で主食として食べられている。

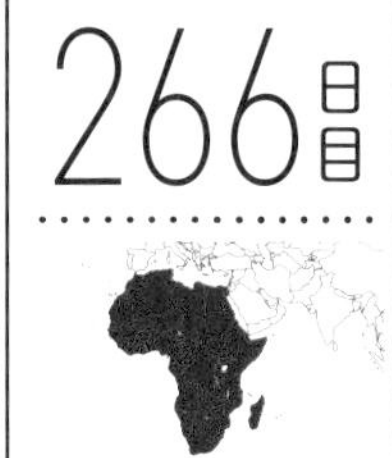

266日目

アフリカの国々

ダイヤモンドの輝きの裏で「資源の呪い」に苦しむ

ナミビアのコールマンスコップはダイヤで栄えた町。その後、価格が暴落して衰退し廃墟となる

アフリカ

アフリカ大陸は天然資源の宝庫だ。石油、ダイヤモンド、金、白金、鉄、銅、レアメタル、ウランなど多様で豊かな資源に恵まれている。**2000年に入ってからは、その採掘ブームが起こっていてアフリカでは経済成長率が向上している**。しかし、こうした鉱産物に主導される経済成長は、格差を作り出し、経済全体を不安定にし、他の産業の発展を阻害し、権力者の腐敗や紛争を招き、環境破壊を引き起こすなど資源の豊富さのせいでさまざまな問題を招く「資源の呪い」という負の側面が指摘されている。アフリカ諸国でも鉱産物が、これまで国の発展に必ずしも貢献してきたといえず、今の活況が、今後、貢献するのかどうか、いまだに疑問視されている。

267日目

ジンバブエ

牛乳１本600億ドルのハイパーインフレ

かつてジンバブエ準備銀行が発行していた法定通貨、ジンバブエドル

近年、デフレ脱却に向けインフレ目標を設定し、その達成に苦労を重ねる先進国の姿が見られる。片や、望まないのに天文学的なインフレが起きてしまった国もある。それがアフリカ南部のジンバブエ。1980年の独立以降、ムガベ大統領の下で国内経済が疲弊し、財政支出のコントロールを失うと、ジンバブエドルの増刷へと走った。その結果、数カ月前には１ドル紙幣１枚（１ジンバブエドル）で牛乳500mlが買えたのが、今では600億枚用意しないと買えない、というとんでもないインフレになってしまったのは2008年のこと。政府は、**紙くず同様になったジンバブエドルを廃止し、米ドルなどを法定通貨として導入**し、事態は終息した。

DATA 正式名称：ジンバブエ共和国　首都：ハラレ　面積：38.6万km²　人口：1,444万人

アフリカ

268日目

ボツワナ

不毛の地にそびえる丘は「砂漠のルーブル」

ツォディロ・ヒルズは平野にある岩山。歩いてみられる範囲に壁画が密集している

ボツワナ南部の大半を占めるカラハリ砂漠。その荒涼とした西部にあるツォディロ・ヒルズは「砂漠のルーブル」と呼ばれている。世界的な美術館に例えられるこの地には、22㎢の範囲に点々と、珪岩からなる大小4つの丘の断崖がそびえ、その**岩肌に、4500点を超える岩絵が約500カ所にわたって描かれている**のだ。モチーフとなっているのはキリンやエランドなどの動物、人間、幾何学模様など。模様が意味するものは雨を降らせることに関係していると見られている。**古くは紀元850年頃の旧石器時代のもの**で、描いたのは、現在も周囲で生活しているサン人とされている。2001年には、ボツワナ初の世界文化遺産に指定されている。

DATA 正式名称：ボツワナ共和国　首都：ハボロネ　面積：56.7万 km^2　人口：230万人

269日目

ナミビア

国名の由来は世界最古の砂漠

沼だったところが干上がり朽ちた木々だけが残るナミブ砂漠「デッドフレイ（死の沼）」

アフリカ大陸南西の沿岸部にあるナミビア。その大西洋岸を占めているのが**国名の由来となっているナミブ砂漠**だ。ナミブとは「何もない」を表す現地の言葉。その名前が表す通り**幅100km、長さ1000kmにわたり、真っ赤な砂の丘がどこまでも続く**。赤い色は、砂つぶを覆う鉄分が酸化しているせいで、その景観の美しさは夕刻に特に映え、思わず感嘆するほどという。誕生は8000万～5500万年前に遡る世界最古の砂漠と考えられ、起源が古いことから固有の動植物が数多く、中には、1000年以上生きるウェルウィッチアという珍しい植物などが見られる。その独自性や貴重な生態系から、ユネスコの世界自然遺産に「ナミブ砂海（砂漠）」として登録されている。

DATA 正式名称：ナミビア共和国　首都：ウィントフック　面積：82.4万km²　人口：244.8万人

アフリカ

270日目

南アフリカ

アパルトヘイトから
レインボーネーションへ

ケープタウンにある南アフリカ共和国議会。全国州評議会と国民議会で構成される

アフリカ民族会議（ANC）の指導者ネルソン・マンデラが釈放され、**アパルトヘイト撤廃が確定した1990年**、南アフリカにおいて恐れられたことがあった。それは、人種隔離政策により蓄積した憎悪が人種間の暴力へと向かうのではないかということ。そこで1993年、仇どうしだった政治勢力が話し合い、**暫定憲法が合意され、翌年、全人種が参加する総選挙が行われた**。そのとき採用されたのが「パワーシェアリング」。人口の大多数を占めるアフリカ系に議席が偏らないよう政党による完全な比例代表制とし、閣僚も得票率に比例して各政党に配分された。肌の色を超えて権力を分かち合って発足した新生南アフリカは「レインボーネーション＝虹の国」と呼ばれた。

DATA 正式名称：南アフリカ共和国　首都：プレトリア　面積：122万km²　人口：5,778万人

グリーンランド
北極・南極
アラスカ

271日目

グリーンランド

ほとんど真っ白なのに なぜ「グリーン」?

グリーンランド西海岸のイルリサットの町。北緯69度の北極圏にある

グリーンランドは、実際は、**緑のほとんどない極寒の地**。この島が発見されたのは982年のことで、最初の定住者はヴァイキングのエイリーク・ザ・レッドとされている。彼がグリーンランドに流れ着いたのは殺人を犯した末のことであったそう。過酷なこの地に入植することを決意したエイリークは仲間を募ることにした。ただ、氷雪に覆われた島に喜んで来る者がいるとは思えなかった。そこで、彼が、**この島につけた名前が「グレンランド」。ノルウェー語で「緑の島」**の意味、つまり「グリーンランド」である。応募者に緑の楽園のようなイメージを抱かせたのだ。この誇大広告に乗せられて25隻が島を目指し、うち14隻が無事到着したという。

 DATA 主都：ヌーク　面積：217万km²　人口：5万5,877人

272日目

グリーンランド

世界で唯一の犬ぞり警備隊「シリウス」

約4000年も前から犬ぞりが移動や狩りの手段として使われてきた

グリーンランドには世界で唯一の犬ぞり警備隊がいる。その名も「シリウス」。デンマーク海軍が組織しているものだ。世界一大きなこの島は**自治権を持っているもののデンマーク王国の一部であり、その主権を守る任務についている**のだ。その創設は古く、第二次世界大戦中にドイツ軍の占領から守るため組織された。現在の警備体制は隊員12人と犬90匹。隊員は志願制で、過酷な自然環境に打ち勝てる強靭な体力と精神力が求められ、選抜試験を突破し、厳しい訓練を耐え抜いて任務につく。警備範囲は年平均気温-10℃の広大な北東部グリーンランドで、2人の隊員と13～15匹の犬で班を組み、数～十数週間かけてパトロールする。

273日目

北極海

北極・南極

北極vs.南極、寒いのはどっち？広いのはどっち？

南極の氷山の上から海に飛び込むアデリーペンギン

北極と南極、じつは、その気温には結構な差がある。**圧倒的に寒いのは南極**。2010年に南極大陸東部の標高約4000mのドーム・アーガスにおいて人工衛星による観測で-93.2℃が記録されている。これは地球上の観測史上で最低の気温だ。一方の北極は寒くても-60℃くらい。その違いは、一つには南極は平均標高が2290mと高地が多いということがある。また、北極は、極点にあるのは大陸でなく海とその上に浮かぶ氷であり、海水は外気温よりもずっと高温だからという理由もある。
では、広いのはどっちか？ 南極大陸は、大陸周囲の棚氷も含めるとその面積は約1400万㎢。一方の北極は、北極海の面積をみると約1400万㎢と、奇妙に一致している。

274日目

北極海

北極

北極海の氷が年々小さくなっている

北極海の流氷の上にいるホッキョクグマ

今、北極は、どんどん暖かくなっている。地球温暖化による影響だ。その気温が上がる勢いは、世界の他の地域に比べて、約2倍にもなっている。気温が高くなると何が起こるかというと、海氷が解け出す。夏の氷の面積は年々小さくなっていて、最も縮小する9月で比べると、人工衛星による観測が始まった**1979年時点と比べて、最近では半分ほどの面積に狭まっている**という。北極は、元来、大陸から氷を渡って徒歩で行ける場所だが、近年はそれも困難になりつつある。その中で懸念されるのが海面の上昇だ。海に浮く氷は解けても上昇は起こらないが、北極圏にある広大なグリーンランドの厚い氷が解けることで海面が上がってしまうことが危惧されている。

275日目

北極海

北極・南極

北極と南極、これらの土地は誰のもの？

北極点を中心とした海域で、沿岸諸国が自らの権利を主張する

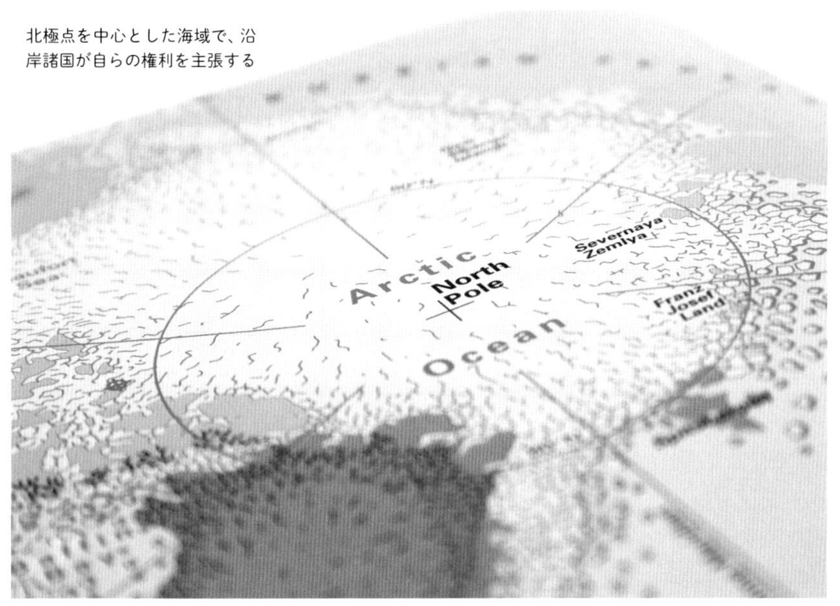

グリーンランド・北極・南極・アラスカ

北極と南極は、どこの国の領土か？ まず、北極について北極海では、**いくつかの国の間で領有権問題が生じている**。これは言い換えれば資源を巡る争いだ。北極海の海底には原油や天然ガスなどが大量に眠っているといわれているからだ。中でもロシア、カナダ、デンマークは、北極点を含む広い範囲を自国の大陸棚の延長だと主張し、特に、強い対立が生じている。

一方の南極は、現在、どこの国の領土でもない。これは**1959年に採択された南極条約**によって取り決められたことで、条約では、南極地域における領土権主張の凍結の他、南極地域の平和利用、科学的調査の自由などが定められており、現在、日本を含む50カ国以上が締約国となっている。

276日目

南極

氷に覆われた極寒の大地に存在する砂漠

氷河によって削られた地形と、極端に乾燥した気候が作り出すマクマードドライバレー

グリーンランド・北極・南極・アラスカ

砂漠といえば、灼熱の乾いた大地の絵が頭に浮かぶだろう。じつは両極にも、砂漠なみに乾いた土地があることはあまり知られていない。北極の町アラートの年間降水量は185㎜ほどで、サウジアラビアと同じくらい。南極のヴォストーク基地はわずか20㎜ほどに過ぎない。寒い空気は、水蒸気をほとんど含まず乾燥して、雲もできにくいので雪もほとんど降らないのだ。南極大陸を、太平洋の方向にあるロス海から少し上がったところに、雪に覆われず地表が剥き出しになった一帯がある。**“ドライバレー”と呼ばれていて、まるで砂漠そっくり。**アザラシのミイラなどが横たわっているこの場所を、1900年代の南極探検家スコットは“死の谷”と呼んだそうだ。

277日目

アラスカ（アメリカ）

トーテムポールはアラスカ発祥

トーテムポールには数十の彫像が彫られており、要素やデザインは部族によって異なる

かつては「トーテムポールといえばネイティブ・アメリカン」みたいなイメージがあった。でも、**本当は、これを建てていたのはアラスカのある北アメリカ北西沿岸の一部の先住民だけだ**。ヨーロッパ人で、この彫刻柱を初めて見たのは18世紀のクック船長の探検隊。当時、グロテスクな彫像は宗教的な偶像だと考えられた。でも実際は、自分の出自を示したり、行事ごとや出来事を記録したりするためのもの。中には義務を履行させるため建てた「はずかしめのポール」なんていうものもあった。“トーテム”とは、別の先住民グループに由来する言葉で、ヨーロッパ人が、これも勘違いして宗教的意味に関連づけてつけた名前で、間違えたまま、今でも使われている。

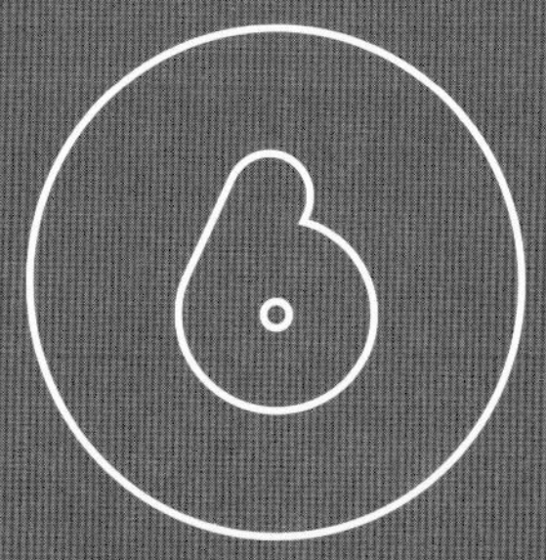

北米・中米
南米

278日目

カナダ

カナダの「軸」はセントローレンス川

ケベックシティ付近のセントローレンス川。フランス語ではサンローラン川

カナダ経済に大きな影響を与えている核心地域「ハートランド」。その軸となっているのがセントローレンス川だ。カナダ開発は、この大河に沿って進んできた。開拓民は、唯一の交通路であったその沿岸に入植したためだ。1959年には、急流部に水路などを設けたセントローレンス海路が完成し、**2万トンクラスの大型外洋船が五大湖まで航行できる**ようになった。これによりケベック州などの鉄鉱床が開発され、カナダは一躍、鉄鉱石の輸出国となった。その他、多くの物資が海路を行き交っているのだ。下流から上流に向かって都市化が進み、工業が立地し、第二次・第三次産業が集まり、この内陸水運が国の発展に大きな役割を果たしてきたのである。

DATA 正式名称：カナダ　首都：オタワ　面積：998.5万 km^2　人口：約3,789万人

279日目

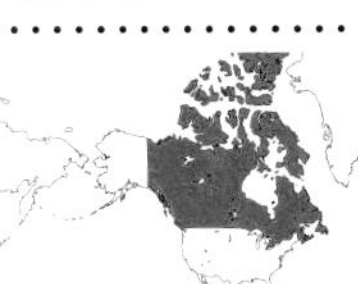

カナダ

水に恵まれた国土ならではの電力事情

カナダ西部アルバータ州キャンモアのランドルフォアベイ貯水池

自然豊かなカナダは水にも恵まれていて、オンタリオ湖など五大湖のほか多くの川や湖が存在している。このことは、この国のエネルギー事情にも大いに活かされている。つまり、電力供給のうち水力発電が多いのだ。どれくらい多いかというと、2017年時点で総発電能力量1億4521万キロワット（Kw）のうち、**水力発電が占める割合は55.6%であった**。同年の発電総量で見ると652.3テラワット時（Twh）のうち水力発電が占める割合は、なんと58.5%。同じように水が豊かな日本では同じ年に7.9%だったので、その違いは歴然だ。地理的には、水量豊富なジェームズ湾の水力発電が最大で、湾を擁するケベック州だけで国内水力発電能力の半分を占めている。

北米・中米・南米

280日目

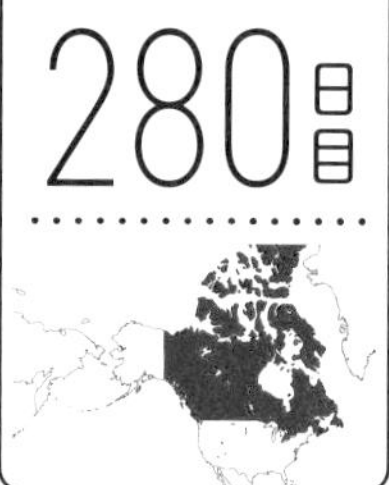

カナダ

雄大なカナディアン・ロッキー

バンフ国立公園レイクルイーズ。氷河に含まれる岩粉が光に反射、エメラルド色になる

ロッキー山脈は北アメリカ最大の山脈。そのカナダ側がカナディアン・ロッキーである。アメリカ合衆国との国境から北西に約1200kmにわたって標高3000～4000mの山々が連なり、最高峰のロブソン山（3954m）やコロンビア山（3747m）などが有名。これらの雄大な山々、氷河、氷河湖、渓谷、滝など壮大な自然が広がり、**バンフ、ヨーホー、ジャスパー、クートニーの4つの国立公園は世界自然遺産に登録**されている。氷河から解け出したエメラルドグリーンに輝く水を湛えたレイクルイーズ湖の美しさを堪能したり、北極圏外では北半球最大規模のコロンビア大氷原を自分の足で踏みしめたりと掛け値なしの大自然に出会うことができる。

281日目

カナダ

英語圏に囲まれた“フランス”語圏

セントローレンス川沿いのケベックシティは、フランスの文化が色濃く残る

英語圏の国として知られるカナダ。しかし、東部のケベック州に行くと、耳にする言語のほとんどはフランス語である。この州では人口約700万人の大部分がフランス系なのだ。どうして、こんなことになっているのであろう？ ヨーロッパの対岸にあるこの地は、17世紀初頭に**植民地としてのカナダの歴史が始まった地で、それは、初めはフランス人の手によるものであった**。ところが、後からやってきたイギリスと戦争になり、その結果、1763年にカナダはイギリス領になったのだ。こうした歴史から、この地ではフランス文化圏としての誇りが高く、州民の82%がフランス語を母国語とし、カナダから独立したいと考えている人もいるほどである。

282日目

カナダ

カナダはメープルシロップのふるさと

メープルシロップの採取。春先の短い期間にメープルの木から樹液を集め、煮詰めて作る

パンケーキにとろり。メープルシロップの優しい甘みはスイーツ好きにはたまらない。**世界で流通する８割はカナダ産で、そのほとんどはケベック州で作られている。**よそではほとんど見られないサトウカエデの樹液が原料となるためだ。入植初期のヨーロッパ人は、この森の恵みを先住民に教えてもらった。当時は、幹に穴を開け、採取口をつけ、ポタポタいっぱいたまったバケツを集め、砂糖小屋の大鍋で煮詰めて、かつては固めて作っていた。採取できるのは、春まだ浅い３月上旬から４月にかけてのわずかな時期だけ。始まりの頃には、顔見知りが集まってシュガーリングオフパーティを開き、お酒を酌み交わして、冬越しの再会を喜び合ったそうだ。

283日目

カナダ

ホッキョクグマの“牢屋”がある!?

マニトバ州の北部にある小さな町、チャーチルに集まるホッキョクグマ

チャーチルは「世界のホッキョクグマの首都」を宣言した町。実際、ハドソン湾が凍り始める頃に個体群が岸に集まってくるところで、その様子を見に、ツンドラ・バギーに乗った観光客が世界中からやって来る。ただ、困るのは、たむろした白い荒くれ者が民家の裏庭を荒らす事件が起きること。すると、野生生物局の役人が「犯人」をお縄にして留置施設に収監してしまう。この教訓について、当地の絵本では、年長のクマが小グマに「食べ物を盗むところを見つかると“しろくまの牢屋”に入れられる」なんて教える物語もあるそう。ハドソン湾が凍りつく厳冬期には「受刑者」たちは釈放され、氷の湾を渡って北のフォックス湾の個体群と行き来する。

284日目

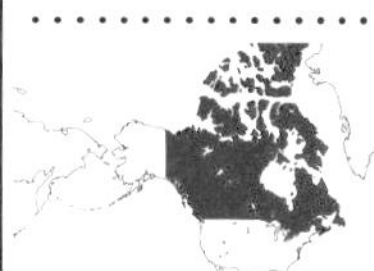

カナダ

オーローラが世界一見える場所

イエローナイフのオーロラ。月に数回、オーロラの爆発現象が見られることがある

ノースウエスト準州の州都イエローナイフはオーロラが見える町として世界的に有名だ。**観賞に適した、北半球をぐるり一回りしている「オーロラベルト」の真下にあたる北緯62度24分に位置**しているのだ。その上、快晴の日が多く、4日間滞在した場合の**出現率はなんと95%を超える**とか。宿泊施設も整っていて、90年代の初め頃からオーロラを観に集まる日本人の拠点になっている。町には、観賞ツアーを扱う会社がいくつかあって、郊外で、先住民族のテント「ティーピー」で暖を採り、イワナなど極北料理を食べながら天空のショーを待つなんていう趣向もある。一生に一度でもいいので、夜空の奇跡をこの目にするために訪れてみたいものだ。

285日目

カナダ

1999年、カナダにイヌイットの地が誕生!

グリーンランドの西、カナダのヌナブト準州エルズミーア島の湾には氷が浮かぶ

1999年、カナダの極北東部に「ヌナブト準州」が発足した。「ヌナブト」とはイヌイット語で「われらが大地」の意。この地は**イヌイットの人たちが勝ち取った事実上の自治州**だ。準州首相をイヌイット住民とすることやイヌイット語を公用語の一つとすることなども決められた。ヨーロッパ人の到来は先住民にとって生活圏を奪われたことにほかならない。カナダの国家建設は彼らを保留地に追いやった。20世紀に入り先住民から権利を求める声が高まると、カナダ政府も徐々に耳を傾けるようになり、1998年には「カナダの先住民行動計画」を策定し、土地権益請求協定の協議を進めることなどを謳った。その成果が形となった出来事の一つだった。

286日目

アメリカ

「合衆国」は誤記だった!?

アメリカ国旗の50の星は現在の州の数、紅白の13のすじは独立時の州の数

「合衆国」とは、辞書的には「2つ以上の州や国が連合して作った単一国家」といった意味になる。実際、**アメリカは、それぞれの憲法を持つ国家ともいえる50州が集まった連邦国家**だ。ところで「United States」が、なぜ「合衆国」と訳されたのだろう？「アメリカ連邦」とか「アメリカ合州国」と訳されても良かったように思える。1854年の日米和親条約の正式名称では既に「合衆國」とされていたそうで、かなり早くからこの訳語なのである。中国で先んじて「衆人が協力する」という意味でこの表記を使っていたのにならったという説や「合州国」が誤記されたという説など、いろんな説があって、よくわかっていないのが実際のところだ。

DATA 正式名称：アメリカ合衆国　首都：ワシントンD.C.　面積：371.8万 km^2　人口3億3,006万人

287日目

アメリカ

国名を“コロンブス”にちなんでいないのはなぜ?

アメリゴ・ベスプッチはフィレンツェ生まれの探検家であり地理学者

アメリカ大陸に初めて到達したヨーロッパ人はコロンブス。でも、国名は、遅れて到達したイタリアの航海者、**アメリゴ・ベスプッチに由来**している。なぜだろう。ベスプッチは、当時、アジアだと思われていた**この陸地を大陸だと最初に主張した人物**なのだ。彼は計4回行った探検航海のうち1501年に出発した3回目の航海で大陸の南端近くまで到達し、ここが巨大な大陸だと気づいたのだった。航海記で、探検した陸地が第四の大陸であることを断言し「新世界」と呼ぶと、ヨーロッパで評判となり、新大陸の名はアメリゴから採られることになった。その際に、大陸名には女性形を使う慣習があったことから女性形の「アメリカ」になったというわけだ。

288日目

アメリカ

独自に発展したアメリカンスポーツ

全米では一番人気のスポーツ。激しいぶつかり合いが見物だが実は緻密な戦略戦が必要

アメフト、野球、バスケットといえばアメリカの三大プロスポーツ。サッカーなどグローバルなスポーツはイギリス発祥のものが多いといわれるが、アメリカンスポーツは独自のものが目立つ。その歴史は、**最初は上層階級が楽しんでいた、イギリスを中心とするヨーロッパのスポーツを採り入れた**ところに始まる。例えば、アメフトはラグビー、野球はクリケットが原型だ。それが、次第に大衆へと広がる中で、アメリカらしさが加えられ、多民族が暮らす多様な国民が楽しめるスポーツ文化へと発展したのだ。その中では、メディアも大きな役割を果たし、観て楽しんだり、選手個々の記録など数字に注目して楽しんだりする独特の文化になったのだ。

289日目

アメリカ

依然として世界一の経済力 稼ぎ頭はIT大手

ニューヨーク株式市場でGAFA4社は株式時価総額ランクの上位を占める

近年、中国の激しい追い上げにあっているが、依然としてアメリカの経済力は世界一の座を守っている。IMFによると2018年のGDP 20兆5800億ドルは世界のGDP総額の24.2%を占めており、第2位中国の1.53倍にあたる。しかし、その稼ぎ方は、かつて「メイドインUSA」の工業品が世界を支配した頃とはだいぶ違ってきている。製造業を含む生産部門は、近年はGDPの2割弱。**今、活力があるのはGAFA（グーグル、アマゾン、フェイスブック、アップル）のようなグローバル化したIT大手**など。こうした勝ち組企業は知識集約型の産業に偏っている傾向があり、そこに勤める一握りのエリートに富が集中しがちという問題が生じている。

290日目

アメリカ

世界一の金融街 マンハッタン

マンハッタンの夜景。ひときわ高くそびえるのがエンパイア・ステート・ビル

アメリカ最大都市であり経済の中枢であるニューヨーク。ヨーロッパに近く、ハドソン川による水運の便がよく、早くから工業化が進んだ北東部とプランテーション農業が展開した南部の中間にあったことなどが発展の基盤になった。そして、**高層ビルの摩天楼を可能にしているのが硬い岩盤を持つマンハッタン島。ここにあるのがかのウォール街**である。その名は、植民地時代に先住民からの攻撃を防ぐ防壁があったことに由来する。現在、この地にあるのが世界一の金融街。わずか半マイル程度の通りに世界最大のニューヨーク証券取引所、チェース・マンハッタン銀行、連邦準備銀行などが一堂に会し、ニューヨークを世界経済の中心地としている。

291日目

アメリカ

アメリカは「世界の警察」なのか？

数多くの歴史的な決定が行われてきた、ワシントンD.C.にあるホワイトハウス

「世界の警察」。アメリカは、しばしば、そうたとえられてきた。**第二次大戦後、世界秩序の形成を主導し、冷戦後、覇権を築いた**唯一の超大国は、その軍事力を背景に、世界各地へ関与を繰り返し、「悪」と見なす政治勢力の台頭と戦ってきた。しかし、近年、その威信と指導力は揺らいでいる。イラク戦争のつまずき、リーマンショックと世界同時不況、国内の貧富格差、政治の分断……。オバマ大統領の時は「もはや世界の警察ではない」と演説し、トランプ大統領の時は国際協調に背を向ける「アメリカ・ファースト」を掲げた。宙に浮いた「任務」とどう向き合うのか、アメリカをどう導くのか、今後のリーダーたちの手腕が注目される。

292日目

アメリカ

「人種のるつぼ」から「サラダボウル」に

さまざまな文化や習慣を持つ人々が互いを尊重し、共生していくという現在のアメリカ社会

かつて、アメリカの社会は「人種のるつぼ」という表現でたとえられていた。これは、いろいろな集団が混じり合って、融合するという意味で使われていたものだ。ところが、20世紀後半以降に、この比喩に代わって「サラダボウル」と表現されることが定着してきた。どういう意味だろうか。サラダを思い浮かべていただきたい。トマト、レタス、キュウリ……、一つひとつの野菜は、溶け合わないで、素材としての味を維持している。全体として一つの料理「サラダ」を構成しているのだ。**人種や民族それぞれの元の文化が見えなくなるのでなく、独自の文化を尊重し、多様性を大事にしていこうとする考え方に変わってきたことを反映しているのだ。**

293日目

アメリカ

世界中の人が食べている マクドナルドのハンバーガー

ハンバーガーの代名詞、マクドナルドのMのマークは1968年から使われている

世界中にハンバーガーを供給するマクドナルド。2019年末時点で、なんと**119カ国3万8695店舗も出店**している。**味や調理を規格化したファストフードはアメリカが発祥**で、その代名詞、マクドナルドは1940年にカリフォルニア州でマクドナルド兄弟によって始められた。2人が短時間調理とセルフサービスによって商品を非常に安い価格で売り出すと、店は評判を呼び、その工場のようなシステムに魅せられたレイ・クロック氏がフランチャイズの権利を獲得し、そこから世界中に広がっていったのだ。一方で、巨大化するにつれ、その世界進出は食文化の画一化、アメリカ化の象徴と見なされ、フランスなどで出店規制が行われたこともあった。

294日目

アメリカ

ワシントン D.C.の「D.C.」って何?

ジョージ・ワシントンの功績をたたえて建造されたワシントン記念塔

アメリカの首都はWashington D.C.。ところで「D.C.」ってなんだろうか。これは「District of Columbia」の略で、これが正式名称なのだ。日本語では「コロンビア特別区」と訳され、この行政区は、どこの州にも属さない連邦直轄地とされている。この地が首都に決まったのは1791年。南部と北部が妥協して、南北のほぼ中央南寄りのポトマック湖畔の一画とすることになり、今の場所をワシントン大統領自らが指定した。名前がつけられたのが1796年。**初代大統領とヨーロッパ人初のアメリカ大陸到達者を記念して「ワシントン」と「コロンビア」の名を冠する**ことになった。こうした経緯などからWashington D.C.という呼称が使われている。

295日目

アメリカ

ハリウッドはどうして映画の街になったの?

ロサンゼルス市にある有名なハリウッドサイン。50km離れた場所からでも見える

映画ロケの大敵といえばなんだろうか。そう、悪天候である。雨が降るとロケの予定が崩れてしまう。その点、ハリウッドは有利。「カリフォルニアの青い空」といわれるように雨が少なく、1年のうち300日は晴天に恵まれている。また、強い日差しは映像を鮮やかにし、周囲の砂漠や農場、山々は、西部劇などの背景に最適だ。こうした地の利に気づき、**1910年代、イタリア系やユダヤ系の移民が設立した映画会社が、この地を制作場所として選ぶ**ようになった。当時、アメリカ映画産業の中心地だったニューヨークに反発した形だった。ハリウッドでの制作は成功を収め、発展し、今日では、この地が世界の映画産業の中心地になったのだ。

296日目

アメリカ

飛行機で種籾まきをするカリフォルニアの米づくり

カリフォルニア・サクラメントの農場での、大型コンバインを使った稲刈り

アメリカの米づくりは、意外に早い17世紀、サウスカロライナでマダガスカルの難破船が修理のお礼に置いていった種籾を植えたのが始まりといわれている。19世紀半ばのゴールドラッシュのときに中国人労働者向けの生産が始まったカリフォルニアは、20世紀には主要生産地の一つになった。現在、この地では、ジャポニカ系の短・中粒種を多く作っていて、日本は最大の輸出先となっている。アメリカ流の生産方法では**GPSの技術とレーザー誘導で農地を平らにし、飛行機を使って空中から種籾をまき、刈り取り機と特別なトラクターを併走して大規模に収穫**。精米工場にはソーラーシステムを導入して全電力を太陽光でまかなっているところもある。

297日目

アメリカ

グランドキャニオンはどうやってできたの?

アリゾナ州北部にある国立公園。さまざまな年代の地層の積み重なりを見ることができる

グランドキャニオンは、高さ 2000m のコロラド高原をコロラド川が侵食してできた峡谷である。その谷底の深さは、なんと 1200m!　水の流れが 1 キロ以上も掘り下げてしまったのだ。その形成の歴史を振り返ってみよう。古生代には、ここは海の底にあり堆積が進んだ。それが 2 億 5000 万年前に隆起し、3600 万年前には地球内部からの圧力によってドーム型のカイバブ高原になった。そして 1000 万年前、この上をロッキー山脈に発するコロラド川が流れ始めた。さらに 600 万年前に再び隆起し始め、それにつれて、コロラド川が現在の谷底まで侵食を深めた。**長い長い年月をかけて自然の力が驚きの景観を作り出した**のである。

298日目

アメリカ

いろいろある 50州のニックネーム

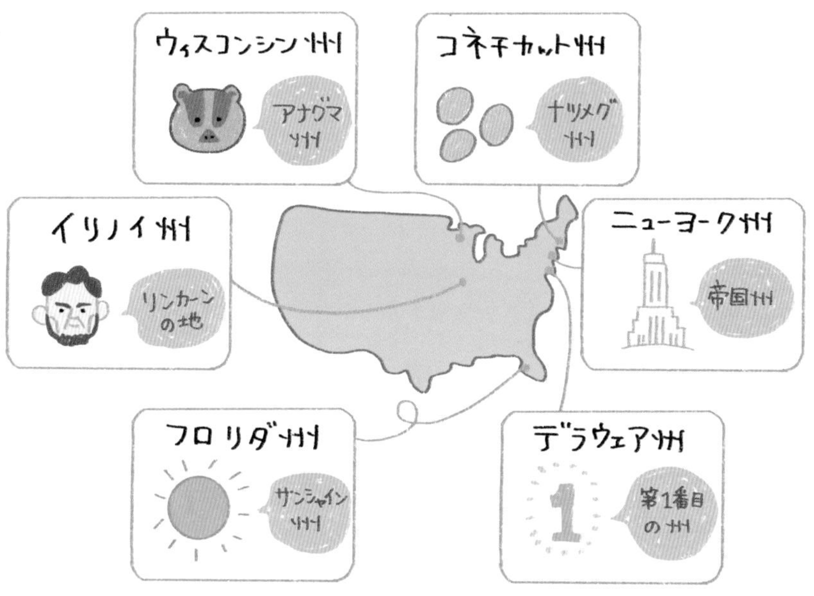

アメリカの50州には、その特徴を表すニックネームがつけられている。例えば、ニューヨーク州。全米最大都市・ニューヨーク市があるこの州は「帝国州」。陽光に恵まれたリゾート地、フロリダ州は「サンシャイン州」。リンカーン元大統領が人生の大半を過ごしたイリノイ州は「リンカーンの地」。合衆国に最初に加盟したデラウェア州は「第１番目の州」。面白いものでは、例えばウィスコンシン州の「アナグマ州」。実際にアナグマが多いわけではなく、鉛鉱山で坑夫たちが穴を掘って住んだことに由来する。コネチカット州は「ナツメグ州」。これもナツメグが名産なのではなく、州民が巧みな話術で他州の人にナツメグの模造品を買わせたことに由来する。

北米・中米・南米

299日目

アメリカ

いわゆる"白人"が半数を割る日が来る?

「人種のるつぼ」といわれるマンハッタン。しかし近年は「人種のサラダボウル」と呼ぶ

アメリカ人はヨーロッパ系、いわゆる"白人"が主流派なのか? 現在は、YESといえる。2020年の人口約3億3000万人のうち59.7%はヨーロッパ系で、16.4%がヒスパニック系、13.4%がアフリカ系、4.4%がアジア系だ。しかし30年前は、ヨーロッパ系は実に76%。当時、約9%だったヒスパニック系はアフリカ系を追い抜いて、今や最大のマイノリティ集団となっている。このままいくと**2045年にはヨーロッパ系は半数を割り、ヒスパニック系は25%まで増加すると予想**されている。"白人中心"のアメリカであってほしい—。2016年と2020年の大統領選挙で、トランプ氏を支持したヨーロッパ系保守層の中には、そうした思いが強かったといわれている。

300日目

アメリカ

ニホンウナギは日本ではなく、アメリカ生まれ

日本から 2500km 以上南のマリアナ諸島が、ニホンウナギの産卵場所

ニホンウナギは日本生まれと思いきや、実は違うという。その産卵場所は、**グアムやサイパンのあるマリアナ諸島の西方海域**にある。孵化するとレプトセファルスと呼ばれる仔魚になり、成長しながら東アジアへやってくるのだ。実は、ウナギの産卵場所は、古くより世界で謎となっていた。古代ギリシャでもアリストテレスが“大地のはらわた”から自然発生すると書いており、日本でも“山芋”がウナギになるなんていう言い伝えがある。ヨーロッパウナギの産卵場所がサルガッソ海とわかったのは 20 世紀の初めで、それに触発され日本でも 1930 年に産卵場所の調査がスタート。その海域が特定されたのは、なんと 80 年近くもかかった 2009 年のことだった。

301日目

メキシコ

世界遺産にもなった テキーラ文化

テキーラ村で栽培される竜舌蘭の一種マゲイ（英／アガベ）を原料にテキーラを造る

テキーラといえばメキシコのお酒。生産地テキーラ村周辺の古い農場や蒸溜所跡がユネスコ文化遺産にも登録された世界的アルコール文化だ。サボテンから造ったお酒と思っている人がいるが、これは間違いで、**同じ多肉植物の「マゲイ」が原料**。16 世紀に到来したスペイン人は、この植物がメキシコ各地に自生し、繊維や食糧に利用されているのを目にし、17 世紀頃、スペインの修道士たちがブランデーの代替品を求めて、テキーラ地方で、この植物を使って蒸留酒を造ったのがテキーラの始まりである。現在、テキーラと名乗れるのは、原産地呼称制度によって、テキーラ村周辺を中心とした地域で生産されたマゲイ酒のみと決められている。

DATA 正式名称：メキシコ合衆国　首都：メキシコシティ　面積：196 万 km^2　人口：約1億2,619万人

グアテマラ

古代マヤ文明の発祥の地

グアテマラ北部のジャングルにあるティカル遺跡。マヤ文明の経済都市として繁栄した

古代マヤ文明といえば、アメリカ大陸の密林に神殿やピラミッドが建ち並ぶ都市を築いた文明というイメージをお持ちではないだろうか。その発祥の地が先史時代のグアテマラ。同国には、現在、世界遺産に登録されている都市遺跡が2つある。1つはティカル遺跡。マヤ文明の最大かつ最古の都市遺跡で、高さ51mの「大ジャガーの神殿」などがある。もう1つはキリグア遺跡。小規模ながら、マヤ地域最大の石碑群に彫られた図像や文字の美しさはほかに類を見ないものだ。かつての繁栄を物語るように、**グアテマラは、インディオ人口が約半数とその多さで他の中米諸国を圧倒**しているが、その大半が貧困を余儀なくされているという事実もある。

DATA 正式名称：グアテマラ共和国　首都：グアテマラシティー　面積：10万8,889km²　人口1,660万人

303日目

エルサルバドル

戦後、日本企業の海外工場進出はここから

サンサルバドルのストリートマーケット。内戦の影響が今も残り経済状態は厳しい

エルサルバドルは、じつは日本との深いつながりがある。同国は1955年、**第二次世界大戦後に日本企業の工場が最初に海外進出した国**だ。それは呉羽紡績という会社で、後に東洋紡と合併して現地で設立したユサ社は、中米屈指の繊維企業として今も操業を続けている。企業進出は、その後も続いた。エルサルバドルは国土が狭く人口密度が高く、天然資源に恵まれず、また、ラテンアメリカ諸国の中で比較的まじめで勤勉だったことから、当時「中米の日本」と呼ばれていたのだ。1979年に始まった内戦で、その関係は大きく後退したが、1992年の和平後、日本は復興に積極的に貢献し、現在、同国は日本企業の活動が中米で最も活発な国の一つになっている。

DATA 正式名称：エルサルバドル共和国　首都：サンサルバドル　面積：2万1,040 km^2　人口：約664万人

ホンジュラス

世界で人気のカリブ海リゾート

カリブ海に浮かぶホンジュラスのロアタン島。海の透明度は抜群

ホンジュラスを観光のために訪れる人は年を追って増えていて、観光収入は、ほぼ毎年、増加している。**観光産業の柱となっているのが、カリブ海リゾートで、その中心地がバイーア諸島**。本土から北方へ約60kmのカリブ海洋上に浮かぶ島々だ。ここにはサンゴ礁に囲まれた屈指のダイビングスポットが点在している。マリンスポーツの拠点として注目されるようになったのが20世紀の後半くらいから。特にイルカと一緒に泳ぐ体験が人気を呼び、これを目当てに欧米の人々を中心に足を運ぶ人が増えた。観光開発が進み、今では、すっかり高級リゾートの趣を持つようになっている。ダイビングの格安ライセンスが取れるところとしても有名だ。

 DATA 正式名称：ホンジュラス共和国　首都：テグシガルパ　面積：11万2,490km² 人口：959万人

305日目

コスタリカ

本当に軍隊を持っていない非武装中立国

カリブ海のプエルト・ビエホの町。コスタリカは環境保護にも積極的に取り組む国

平和憲法を持つ国といえば？ 中米ではコスタリカのことである。1949年に公布された**現行憲法は、常備軍としての国軍の廃止を規定**している。背景には、前年に行われた大統領選挙の不正を巡って内戦が勃発したことがあり、そもそも**軍をなくして軍部による政権奪取ができないようにした**のだ。以後、現在まで、一度もクーデターによらず平話裡に政権交代をしてきた、ラテンアメリカでは数少ない国の一つである。軍隊を捨てた生き方は外交にも発揮された。70年代後半に中米各国で紛争が起こると、83年にモンヘ大統領は永世非武装中立を宣言。87年にはアリアス大統領が中米和平合意を主導して実現し、ノーベル平和賞を受賞している。

DATA 正式名称：コスタリカ共和国　首都：サンホセ　面積：5万1,100km²　人口：約499万人

306日目

パナマ

なぜ多い？　パナマ船籍

船は特定の港に船籍が登録される。船籍港の名前は船尾の船名の下に書かれる

海事のニュースなどで日本の商船が「パナマ船籍」になっていたりするのをよく耳にする。船籍というのはいわば船の国籍で、航海条約により、全ての船は必ずどこかの国の船籍を持たなければならないことになっている。実は、船籍はかなり自由に決めることができ、日本の船主でも外国に子会社を作ってそこの保有にすれば、その国の船籍をとることができる。パナマでは、税制上、海運所得に対する**法人税がゼロになるなどの優遇措置があり、運航のメリットがあるため船籍が置かれる**ことが多いのだ。イギリスの海事調査会社 IHS Fairplay の統計によれば、2019 年末において世界の船舶登録船腹量のなんと約 16% をも首位のパナマが保有している。

DATA 正式名称：パナマ共和国　首都：パナマシティ　面積：7万5,517km²　人口：約422万人

307日目

パナマ

パナマ経済の虎の子「パナマ運河」

カリブ海有数の港町コロン。大西洋側からやってきた船はコロンでパナマ運河に入る

パナマと聞けば「運河」と連想する人も多いはず。**パナマ運河はスエズ運河と並んで「世界の二大運河」**と称される。太平洋と大西洋を結ぶこの運河が完成する1914年以前は、2大洋の行き来はアメリカ大陸最南端を大回りするしかなかったのだ。その距離を一挙に縮めた航行ルートの需要は今でも高く、**年に約1万4000隻もの船がここを通っている**。航行可能な船のサイズは全長294m、全幅32.3m、喫水12m以下で、これは「パナマックスサイズ」と呼ばれ、世界で大型船を建造する際の重要な指標になっている。パナマ運河庁が運河の通行料などをあてて国に収める納付金は、パナマの国家予算の1割近くを占め、国の重要な収入になっている。

308日目

キューバ

国民の数に対する医師の数が世界一多い

毎年市民が健康診断を受けられるように、医師や看護士、専門家のサポート体制が整う

2007年、マイケル・ムーア監督の映画「シッコ（Sicko）」で、**キューバでは外国人であっても無料で手厚い医療が受けられる**ことが紹介され話題を呼んだ。この国では、**国民が医療と教育を無料で受けられることが憲法によって保証**されているのだ。経済的に豊かな国ではないが、国民の身近なところに日常的な診療を行うホームドクターをたくさん配置し、その上に、より専門的で高度な医療機関を置くという三層構造で、全ての国民がアクセスできる独自の医療提供体制を築いているのだ。2020年WHO世界保健統計によると、人口1万人あたりの医師の数は日本の24.1人や世界平均15.6人を大きく上回り、世界一の84.2人となっている。

北米・中米・南米

 DATA 正式名称：キューバ共和国　首都：ハバナ　面積：10万9,884km²　人口：約1,148万人

309日目

キューバ

ついに1つに統合 2つのペソ

人民ペソ。外国人は兌換ペソを使っていたが、現在は一本化された

2021年1月1日、キューバで2種類あった通貨が一本化され1ドル＝24ペソで固定された。この国では、以前まで2つのペソが使い分けられていたのだ。1つが「兌換ペソ」。米ドルに連動し、外貨からキューバの通貨に両替するときは、まず、これにされた。百貨店で輸出用ラム酒など贅沢品を買うときに使われたものだ。もう1つが「人民ペソ」。**外貨からは直接両替できず、兌換ペソを介した。**市場にある生活必需品や配給所でタダみたいな食料品を買うときに使われた。2つあるため外貨を獲得する手段のある人とない人とで格差が広がる一因となり、問題となっていたのだ。また、複雑な貿易決済を簡素化し、投資促進につなげる狙いもあり、一本化に踏み切った。

310日目

ジャマイカ

高級コーヒーを生み出す ブルー・マウンテン

コーヒー農園は急斜面にあるため、栽培も収穫も機械化ができずすべて手作業

ジャマイカ東南部にそびえるブルー・マウンテン。45kmにわたった堂々たる山脈で、多様な植物が織りなす緑の濃淡と、標高2256mの頂が霧にかかる姿はなんとも神秘的だ。その**標高800mから1500mの山腹に広がっているのがコーヒーの栽培地**。大小あわせて1000前後の農園が集まっている。ここは、ジャマイカのコーヒー産業公社（CIB）が認定した「ブルー・マウンテンエリア」で、ここで採れた豆のみが、世界屈指の最高級銘柄「ブルーマウンテン・コーヒー」を名乗ることができるのだ。その芳醇な香りと滑らかな喉越しは、ブラックで飲むのがおすすめ。ジャマイカ旅行に行くときは、雄大な山容を眺めながら、ぜひ、味わってみたいものだ。

 DATA 正式名称：ジャマイカ　首都：キングストン　面積：1万990km^2　人口：294.8万人

311日目

ハイチ

世界で初めてのアフリカ系国民による共和国

旧宗主国の侵攻から守るためハイチ北部の山頂に築かれた要塞シタデル・ラフェリエール

ハイチは、アメリカ大陸の中で国としての歴史が古く、**アメリカ合衆国に次ぐ2番目の独立国**だ。スペイン植民地を経て、1697年にフランス領となり、アフリカから50万人が奴隷としてこの地に連れてこられ、サトウキビやコーヒー栽培に従事させられた。その奴隷たちが反乱を起こし、独立を果たしたのが1804年。これが世界初のアフリカ系国民による共和国となった。こうした歴史から、ハイチ文化には、今なおアフリカとフランスの影響が色濃く残っている。とりわけハイチ文化を際立たせているのがブードゥー教。奴隷時代の土俗的信仰とキリスト教が習合したもので、聖母マリアが登場したり、ドラムや踊りが儀式を盛り上げたりする。

DATA 正式名称：ハイチ共和国　首都：ポルトープランス　面積：2万7,750km²　人口：1,126.3万人

312日目

ドミニカ

世界一のメジャーリーガー供給国

ドミニカの少年たちが夢見るMLB ニューヨーク・メッツのホーム球場、シティ・フィールド

2019年3月、開幕時の**メジャーリーガー882人のうちドミニカ共和国出身の選手が102人**となり、米国以外の国・地域出身者数として初めて開幕時100人の大台に乗った。今やその存在なしにMLBが成り立たないとまでいわれるドミニカは外国人登録選手最多のメジャーリーガーを送り出す野球選手供給国だ。通算609本塁打のサミー・ソーサや史上最高の投手と称されたペドロ・マルティネスなど超一流選手もこの国から誕生している。安価な野球選手を求めたMLB各球団は、こぞってこの国に野球アカデミーを設立して、才能ある少年の発掘・育成に努め、貧困層の少年たちは野球で成功する大きな夢を抱いて、日々練習に打ち込んでいるのだ。

DATA 正式名称：ドミニカ共和国　首都：サントドミンゴ　面積：4万8,442㎢　人口：約1,073万人

313日目

プエルト・リコ

プエルト・リコ人はアメリカ人

アメリカの自治連邦区、プエルト・リコの「地域の旗」。通貨もアメリカドル

オリンピックに選手団を送り、国旗や国歌もあるプエルト・リコ。国だと思っている人が多いと思われるが、実は、**独立国ではなくてアメリカの自治領で住民たちはアメリカの市民権を持っている。**もともと、植民地化が始まった頃はスペイン領だったが、1898年の米西戦争でアメリカが勝利した際に、アメリカ領に編入され、1917年に準州に、1952年に自治憲法を制定して自治領となったのだ。住民たちはプエルト・リコ人としての誇りを失ってはいないものの経済的にはアメリカに頼らざるを得ないのが実情。国内には自治拡大を目指す党、州への昇格を目指す党、独立を目指す党がそれぞれ存在するものの、国民の独立への気運は強くはないようだ。

314日目

バルバドス

カリブの島の「リトル・イングランド」

右端に見える建物がブリッジタウンにある議事堂。教育水準も高く、サトウキビ栽培と観光業で経済的にも豊か

青く輝くカリブ海に浮かぶ常夏の島。貿易風が優しく揺らすヤシの木、英国風の街並み――。そんな**美しい島国・バルバドスは「カリブのリトル・イングランド」と呼ばれている。**1627年にイギリスの植民地となり、1966年の独立まで一貫してイギリスの支配下にあったため、首都ブリッジタウンには17～18世紀のイギリス植民地時代の建物が建ち並び、英国の文化や風俗が隅々まで根を下ろしている。イギリス人がこの島のサトウキビから造ったラム酒は、4大スピリッツに数えられ、カクテルの材料として世界で人気だ。教育制度も英国をモデルとし、11年間の義務教育の教育費は基本的に無料で、識字率は、ほぼ100%を誇っている。

DATA 正式名称：バルバドス　首都：ブリッジタウン　面積：430km²　人口：28.6万人

315日目

セントヴィンセントおよびグレナディーン諸島

カリブの島の「リトル・トーキョー」

キングスタウンの港。小さい漁船が多く、漁から戻ると魚はすぐに市場に運び込まれる

カリブ海の東に浮かぶ大小30の島々からなる、この群島国家は、日本と同じように漁業が盛んだ。セントヴィンセント島にある**首都キングスタウンには、同島漁獲量の8～9割が水揚げされる魚市場があり、水産流通と輸出の拠点**になっている。扱われているのは日本人も好きなアジやカツオが中心になっていて、鮮魚料理やロブスターも味わうことができる。首都といっても目立った繁華街もない静かな町だが、この魚市場が住民の集まる拠点となっている。その完成は、1988年のこと。漁業の盛んな同じ島国として、**日本が無償資金協力を行ってきた一環で建設されたもの**で、現地の人たちは、この魚市場を「リトル・トーキョー」と呼んでいる。

北米・中米・南米

DATA 正式名称：セントビンセント及びグレナディーン諸島　首都：キングスタウン　面積：390km²　人口：11.0万人

316日目

南アメリカの国々

「ラテンアメリカ」と「南アメリカ」の違いは何？

メキシコより南のラテンアメリカに対して、カナダアメリカはアングロアメリカという

「ラテンアメリカ」と「南アメリカ（南米）」。なんとなく使っている２つの言葉には違いがある。南米は、一般的にはパナマ地峡より南側のアメリカ大陸を指す地理的区分。**ラテンアメリカはメキシコより南のアメリカ大陸諸国とカリブ海地域の諸島のこと**で、「中南米」ともいわれる。ラテンアメリカという言葉ができたのは19世紀。独立してまもないアメリカ大陸のスペイン語圏諸国の知識人の中で、北米で既に独立していた「アメリカ合衆国」に負けないイメージとして「ラテン民族のアメリカ」という概念が浮かび、そこから呼ばれるようになった。近年では、カリブ海地域の非ラテン文化圏まで含めるかどうかが議論の分かれるところとなっている。

317日目

南アメリカの国々

サッカー場3000個分が毎日失われている熱帯雨林

熱帯雨林の喪失は、先住民族の暮らしや動植物の生態系、地球環境問題にも悪影響をもたらす

南米といえばアマゾンの熱帯雨林。アンデス山脈の雪解け水を集めた世界最大の川、アマゾン川流域で養われるその広さは日本の国土約18倍に及び、南米大陸の40%もの面積を占め、世界の熱帯雨林の約半分をこの地に残している。その原生林は、毎日、サッカー場3000個分もの面積が消えるペースで急速に失われつつあるという。**石油や金が採掘されたり、違法な伐採が行われたり、畑や牧場へと姿を変えている**ためである。2010年から2015年の間に、森林の破壊が最も大きかった国はブラジルであった。木材の輸入が多い国を2016年でみると日本は中国、アメリカに次ぐ3位につけており、森林の破壊の一端を担っているともいえるのだ。

318日目

コロンビア

豊富なエメラルドと先住民族の伝説

コロンビア産のエメラルドの原石。世界の産出量の50%を占める

コロンビアは世界最大のエメラルド産出国。その鉱山は、アンデス山域に集中し、ムゾー、チボールといった産地が有名だ。採掘の歴史は16世紀スペイン人の侵略以前に遡り、先住民族ムゾーは装飾品や交易に利用していた。伝説では、ムゾーの創造神アレが女のフラと男のテナを創ったが、若い男の誘惑に負けたフラの不貞を知り、テナが自死したことを悲しんだフラが流した涙が緑に輝く石になったそうだ。植民地時代、ムゾーの土地はスペイン王に簒奪され、独立後、鉱山は取り戻されたが、その利権を巡り麻薬マフィアが暗躍する「緑の戦争」と呼ばれる状況も生まれた。伝説は、宝石の美しさとそれを巡る人間の悲しい性を今に語りかけているようだ。

DATA 正式名称：コロンビア共和国　首都：ボゴタ　面積：113万9,000km²　人口：4,965万人

319日目

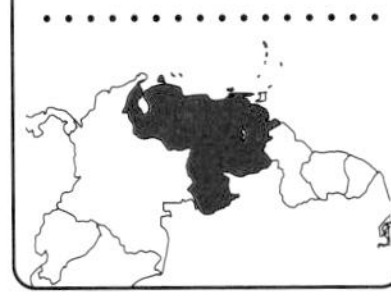

ベネズエラ

南米の国ベネズエラ 石油埋蔵量で世界一に

世界有数の産油国であるベネズエラだが、経済危機が続いている

ベネズエラの世界一に、石油の埋蔵量がある。石油というと、中東の産油国のどこかが首位になっていそうに思えるが、じつは意外にも南米大陸のベネズエラがトップに躍り出ているのだ。それは2011年のこと。イギリスのメジャーBP社の調査により、石油の確認埋蔵量が465億トンと推定され、それまで1位だったサウジアラビアの365億トンを抜いて首位の座を奪い取ることとなったのだ。そこには理由があった。ベネズエラ国土を横断する大河オリノコ川北岸一帯の地下に、**オリノコタールと呼ばれる高粘度の重質油が膨大に埋もれているの**だが、近年、これを採掘する技術が開発されたことで確認埋蔵量を一気に増やすことができたのだ。

DATA 正式名称：ベネズエラ・ボリバル共和国　首都：カラカス　面積：91万2,050km²　人口：2,753万人

320日目

エクアドル

世界一高い山はチンボラソ山?

アンデス山脈の火山、チンボラソ。現地語で「青い雪」を意味するエクアドルの最高峰

「エベレスト」と「チンボラソ」で、世界一高い山はどっちだ？ と聞かれれば、誰もがエベレストと答えるだろう。確かに、前者の標高8848mは、後者の6268mに勝り、世界一というのは周知の事実だ。だがしかし、地球の中心からそれぞれの山頂までの高さを測ったら？ 地球は赤道周囲のほうが膨れているため、実は、**赤道直下にあるチンボラソのほうが2km以上も高い**ことになるのだ。事実、チンボラソは堂々たる山で、植民地時代には世界最高峰だと考えられていたほど。**アンデス山脈が縦に貫くエクアドルではシエラと呼ばれる高地帯**が広がり、チンボラソの他にコトパクシという世界10位以内に数えられる2座を含む高山が連なっている。

 DATA 正式名称：エクアドル共和国　首都：キト　面積：25.6万km^2　人口：1,708万人

321日目

ペルー

かつて世界一にもなった南米の漁業大国

ペルーの露店で売られている魚介類

ペルーは海に面した南米の国。その沖合は、寒流と暖流がぶつかる世界有数の漁場となっていて昔から漁業が盛んだ。2016年の海面漁獲高は381万トンと世界で第6位。かつて1970年代には世界第1位の漁業王国として誇っていた時代もある。イカ、タコ、エビ、ホタテ、ムール貝、ヒラメ、タイ、イワシなど水揚げされる魚種も豊富。新鮮な魚介で作るセビッチェは格別なおいしさで観光客にも人気だ。水揚げの大部分は**魚粉加工向けのアンチョビ（片口イワシ）とイワシで、世界最大の魚粉の生産国・輸出国**となっている。その輸出先について2017年の実績で見ると、日本は、中国に次ぐ第2位となっていて、主要な輸出先になっている。

DATA 正式名称：ペルー共和国　首都：リマ　面積：約129万km²　人口：約3,199万人

322日目

ペルー

初の日系人大統領も生んだ約10万の日系人コミュニティ

ペルーへの移住百年を記念して横浜臨港パークに設置された像。ペルーの方角を向く

1990年、ペルーにおいて日系二世のアルベルト・フジモリ氏が大統領選挙を制し、海外において初の日系人大統領が誕生した。この出来事は、ペルー社会においていかに日系人コミュニティが浸透しているかの象徴ともいえるだろう。日本とペルーとの関係は古く、外交関係を結んだのは1873年のことで、これは中南米諸国との間では、一番最初のものだ。**日本からの移民が始まったのは、1899年**。ペルーの農業労働者の不足を補うため、日本人契約農園労働者が導入されてからのことだ。以後、太平洋戦争が始まり渡航できなくなる1941年まで**総計約3万3000人がペルーに渡った**とされ、現在、日系人は約10万人いると推定されている。

323日目

ペルー

南米で2番目に世界遺産が多い国

アンデスの山中にある都市遺跡、マチュピチュ。その歴史は今も謎に包まれている

「マチュピチュ遺跡」と言われれば、ほとんどの人が、山地に築かれた空中都市を思い浮かべるだろう。世界中から観光客を集めるこのインカ遺跡はペルーの世界遺産だ。ほかにも、地上絵で知られるナスカ、インカ帝国の首都だった古都クスコ、アメリカ大陸最古の都市遺跡といわれるカラル遺跡、前インカ時代の建築物群が36カ所も発見されたリオ・アビセオ国立公園など、ペルーにはなんと世界遺産が12件もあるのだ。この数は、南米において2番目の多さ。首位は、22件のブラジルに譲ったものの、**マチュピチュ遺跡、リオ・アビセオ国立公園という文化遺産と自然遺産両方**の価値を持っている複合遺産が複数あるのは南米諸国でペルーのみである。

324日目

ボリビア

富士山頂より高いところに琵琶湖12倍の巨大な湖!?

ラパスからバスで4時間ほどのティティカカ湖。ウユニ塩湖とともに人気の観光地

ボリビアとペルーにまたがるティティカカ湖はスケールが別格だ。まず、標高が高いこと。**アンデス山脈に挟まれた高原地帯に位置し、海抜は3800mあまり**もあるのだ。そして、広いこと。面積約8000㎢は琵琶湖の約12倍に匹敵する。イメージするとしたら、富士山頂よりも高いところに瀬戸内海が横たわっていると想像するといいだろう。この規模の淡水湖としては世界最高地といわれている。ティティカカ湖には、インカの天地創造主ピラコチャが現れたという伝説が残り、その自然信仰は今も受け継がれ、ボリビア側沿岸の町コパカバーナでは、カトリック寺院に訪れた巡礼者たちが、丘に上がって、この湖にも礼拝を行うという。

 DATA 正式名称：ボリビア多民族国　首都：ラパス　面積：110万km^2　人口：1,151万人

325日目

ボリビア

世界で一番高いところにある首都

ラパスでは人口の増加により、山の麓から周囲の標高の高いところまで家々が並ぶ

高山病にかかりやすい人は、ボリビアに行くことがあれば要注意だ。というのは、実質的な**首都ラパス（憲法上の首都はスクレ）は、標高が3650m以上の高地**にあるのだ。これは富士山の頂上に匹敵する高さである。そこにアクセスするエル・アルトの**国際空港に至っては4060m**もある。ボリビアは歴史的に鉱山を中心に形成された国で、19世紀末の硝石や錫鉱山の発達により、ラパスが交通の要となった経緯があるのだ。ラパス市はすり鉢状の地形をしていて、エル・アルト空港からそこに下るときに見る景観は雄大そのもの。すり鉢の上から下にかけて家屋が並び、そこに、先住民が半数を占める100万人からの住民が生活をしている。

326日目

ボリビア

海なし国の海軍ってどういうこと?

戦争で負けたボリビアは、沿岸部の土地の回復を願うが、実現する日は訪れるのか

ボリビアは海のない内陸国だ。それなのに、この国は「海軍」を持っている。一体どういうことだろうか。その昔、ボリビアはチリ、ブラジル、パラグアイと戦争を繰り返し、もともとあった広大な領土を失ってしまったのだ。とりわけ最悪だったのは1879年に硝石採掘の権益を巡ってチリとの間に開戦した太平洋戦争で、このときに海への出口である太平洋沿岸部を失ってしまったのだ。現在でも、チリに宣戦布告した3月23日を「海の日」に制定し、海を取り戻そうというキャンペーンが繰り広げられる。そして、**海を失った海軍は、標高4000m近くのティティカカ湖で海軍演習を実施**しており「世界一肺活量の多い海軍」などと揶揄されたりしている。

327日目

パラグアイ

大豆大国の陰に日系人の努力あり

日系人が多く暮らすイグアス市では住民のほとんどが大豆を栽培している

パラグアイの主要な輸出品に大豆がある。FAOによると2017年の輸出量は約612万トンで世界第4位の多さである。大豆大国になった陰には、じつは、日系移民の努力がある。あまり知られていないが、パラグアイへの日本人の集団移住の歴史は1936年から始まっていて、現在、**約7000人の日本人・日系人が在住**している。現地に渡った日本人が**土壌を見て気づいたことが大豆の栽培に向いている**ということ。ただし、当時は、パラグアイ国内で需要はなかった。そのため1960年に、まず、日本向け輸出を実現し、徐々に輸出先を増やしつつ同国内での普及に努めると、パラグアイ政府も増産に取り組むようになり、今のように発展したのである。

北米・中米・南米

DATA 正式名称：パラグアイ共和国　首都：アスンシオン　面積：40万6,752km²　人口：約704万人

ブラジル

ブラジル流コーヒーの飲み方

ブラジルではエスプレッソかカプチーノで飲むのがオーソドックス

ブラジルは、コーヒーの栽培面積も生産量も世界一、そして、消費量はアメリカに次ぐ世界第2位というコーヒー大国だ。そんな本場でコーヒーをどんな風に飲んでいるかといえば、意外な気もするが、じつは**砂糖やミルクたっぷりの甘党が主流**である。小さなデミタスカップに砂糖は小さじで大盛り2杯も3杯も入れて飲むのだという。だが、これは貧しかった時代の生産国の悲哀で、輸出に回らなかった低品質の豆の味をまぎらわせる習慣から来ていることなのだ。今やBRICsの一画として経済発展著しいブラジルでは、首都サンパウロにモダンなカフェも急増していて、**ブラックでおいしく飲める質の高いコーヒーを楽しむことができる**ようになってきている。

DATA 正式名称：ブラジル連邦共和国　首都：ブラジリア　面積：851.2万km²　人口：約2億947万人

329日目

ブラジル

ブラジルの車を走らせるのはサトウキビ

給油所ではバイオエタノールかガソリンかを選ぶ。エタノールの価格はガソリンの約7割

サトウキビといえば、もちろん、砂糖の原料。ところが、これで車を動かしている人たちがいる。それは、ブラジル人。同国では、1973年のオイルショックのあと、石油燃料の輸入削減のため、自動車用に、サトウキビからつくったバイオ燃料を大々的に生産しはじめたのだ。2015年には、同国で販売される車のうち、**バイオ燃料でもガソリンでも走れる「フレックス車」が、なんと94%**を占めている。バイオ燃料から発する CO_2 は、もともと空気中にあったものを植物が採り込んだものなので、大気にとってはプラスマイナスゼロ。そのため地球温暖化対策の観点から期待されている。ブラジルは、今や**再生可能エネルギーの分野で、世界をリードする国の一つ**なのだ。

330日目

ブラジル

斬新すぎて世界遺産入りした首都ブラジリア

人口約300万人のブラジリアの町。新首都建設工事は4年もかからずに完成した

ブラジルの首都ブラジリアが斬新だということは上空から見れば一目瞭然。それは、**飛行機の姿をしている**のだ。コックピットのある機首の部分には、まさに国の舵取りをする国会議事堂や裁判所などの重要機関が置かれている。そして、胴体の部分には行政、文化、レクリエーション施設が、翼の部分には集合住宅が整然と置かれているのだ。この地が首都とされたのは1960年のこと。それまで都市のなかったブラジル中部の標高1100mの高原地帯に、パイロット・プランという設計に基づき、都市としての機能と美的な調和を持った近代都市として建設されたのだ。その前衛性が評価され、誕生してから、わずか27年で世界遺産に登録されている。

331日目

ブラジル

サンバの根源はアフリカのリズム

毎年2月に行なわれるリオのカーニバル。各サンバチームは1年をかけて準備する

ブラジルといえばリオのカーニバル。サンバの強烈なリズムと情熱的な踊りが真っ先に浮かんでくる。この国民的音楽は19世紀のリオデジャネイロで生まれたものだ。当時、この町には、奴隷制の廃止とプランテーション農園の衰退に伴い、多くのアフリカ系の住民が流れ込んで来ていた。この国には16世紀から、サトウキビ農園の労働力とするため、ポルトガル人によって**アフリカから大量の奴隷が連れてこられていた**のだ。彼らが持ち込んだアフリカ由来の音楽が、都会文化の中で**民謡やポップス、ヨーロッパの音楽などと混じり合い、やがて生まれたのがサンバ**なのである。その名は、アフリカのアンゴラ地方のダンス「センバ」に由来している。

332日目

ブラジル

判決が船の上で言い渡される!?

ブラジリアにある連邦最高裁判所。建物前には、予断を排した公平な裁判を意味する「目隠しの像」がある

ところ変われば司法制度もさまざまだ。中でも、**ブラジルの移動法廷船**はとりわけユニークなものであろう。同国北部アマパ州のアマゾン川河口にあるバイリケ諸島では、２カ月に１度、判事とスタッフを乗せた船がやってきて、１週間停泊する間に村々を回って各種の係争処理や事件の裁判を行う。辺境の地に暮らす人々にとって裁判所のある州都へ行くのは大変な負担を伴うため、こうした方法が採られているのだ。法廷船には市役所の出張所も設けられていて、各種証明書の発行など行政サービスも行われるほか、ブラジルでは、結婚の正式な手続きを裁判所で行うことから、この船で手続きをして結婚式を挙げることができるようにもなっている。

333日目

ウルグアイ

地球上で日本の裏側にある国

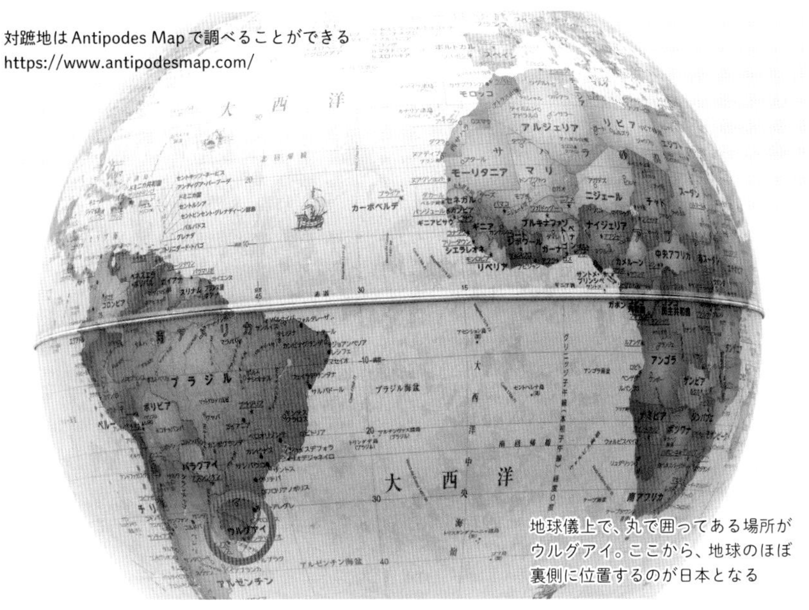

対蹠地はAntipodes Mapで調べることができる
https://www.antipodesmap.com/

地球儀上で、丸で囲ってある場所がウルグアイ。ここから、地球のほぼ裏側に位置するのが日本となる

日本から見て、地球のほぼ裏側にある国はどこだか知っているだろうか？ それはウルグアイだ。地球の地表上のある点と、地球の中心を線で結び、その線を伸ばして地球の真裏にあたる地点を、難しい言葉で「対蹠点」という。ちょうど、**お団子に串を刺したときに、反対側で串が出てくるような場所**だ。対蹠点では、経度は180度から経度を引き算して東経と西経を逆にし、緯度は、数字がそのままで北緯と南緯が入れ代わる。つまり、東京が北緯 約36度、東経約140度なので、対蹠点は南緯約36度、西経約40度となり、これはウルグアイから東に約1000km離れた大西洋上の地点になる。この対蹠点に一番近い国がウルグアイだ。

DATA 正式名称：ウルグアイ東方共和国　首都：モンテビデオ　面積：17.6万 km²　人口：346万人

334日目

ウルグアイ

小さい国のとっても長〜い国歌

ブラジルなどと戦いをしていた19世紀前半に作曲された。自由を求める強い意志を伝えている

ウルグアイは人口が400万人に満たない小さな国。でも、とっても長〜い堂々たる国歌があることで知られている。どんな曲かというと、全体的には歌劇の序曲のような雰囲気で、まず**前奏だけで、いきなり1分ほどもあり**、驚かされる。そして「自由を賛歌し、祖国を守ろう」という前文が合唱で歌われ、続いて**1番が独唱で、残り11番までが合唱**で歌われ、最後に前文と同じ歌詞の後文が合唱で歌われる。なかなかに勇ましく荘重な感じで、**フルで演奏すると5分ほどもかかる**。日本の君が代が1分くらいなのでその5倍ということになるわけだ。あまりに長いため、国際的なスポーツ大会などで流される際には、途中で打ち切られたりするそうだ。

アルゼンチン

世界で最も牛肉を食べるアルゼンチン人

どちらを見ても牧草と牛。地面の凸凹があるため、牧場での移動は車ではなく馬

アルゼンチン人は無類の牛肉好き。FAOの統計によると2017年の1年間で1人あたりの供給量はなんと54.16kg。2位アメリカの37.08kgに大きく差をつけ、日本人の9.19kgのほぼ6倍を食べている勘定だ。アルゼンチンには、**牧畜に適したパンパ大草原が広がっていて、ここにスペイン人の探検家が牛を放つとそれは自然に増殖**した。19世紀にはインディオを追放して得た広い土地が民間に転売され、イギリス品種を導入して本格的な牧場業がスタートした。軍や国境警備の任務に就いていたガウチョも働き手となり牧場に定住するようになり、そのガウチョたちの主食であった牛肉が、今もアルゼンチンの食卓で欠かせないものとなっているのだ。

DATA 正式名称：アルゼンチン共和国　首都：ブエノスアイレス　面積：278万km²　人口：4,494万人

336日目

アルゼンチン

アイデンティティは「ガウチョ」にあり

馬を乗りこなすガウチョ。農牧業に長け、牧場の見回りや管理、家畜の世話も行う

南米のイケてる男を指すような意味でガウチョという言葉を耳にする。これは、さしあたり、カウボーイのようなものとイメージしていいだろう。もともとは、農牧場の日雇い労働者といった人たちだが、独立戦争などアルゼンチンが近代国家を作る歩みにおいて活躍したこともあり、その勇敢さが後に伝説化されているのだ。詩人ホセ・エルナンデスが書いた「マルティン・フィエロ」は、代表的なガウチョ文学で、中学校の授業で必ず読まれるもの。馬を友とし、大草原を放浪し、酒場で仲間と情報交換をし、**ギターを爪弾くフォルクローレで女性を口説き、時に短剣で決闘**をする。そんな生き様がアルゼンチン人のアイデンティティの一つになっているのだ。

337日目

チリ

南端と北端でまるで別の国

チリのフィヨルド。南パタゴニア氷原の一つ、アマリア氷河

いくら日本が南北に長いといってもチリにはかなわない。チリは世界で最も細長い国で南北に伸びるその長さはなんと約4270km。日本が約3000kmなので、その1.5倍近くにもなるのだ。一方の東西は幅の平均が約180km、最も狭いところで100kmほどしかない。この長さのため気候は南北で極端に異なり、**北のはずれには雨のほとんど降らない乾燥したアタカマ砂漠が、南のはずれには南極圏のフィヨルド**が広がり、最南端は氷河の浮かぶマゼラン海峡に面している。その間には、中部の肥沃な平野、南部の森林地帯が広がり、加えて、東側にはアンデスの大山脈が立ちはだかり、自然の様相はじつに多彩だ。首都のサンティアゴは中部に位置する。

北米・中米・南米

DATA 正式名称：チリ共和国　首都：サンティアゴ　面積：75万6,000km²　人口：1,873万人

338日目

チリ

ワインの名産国になったのはなぜ?

チリにはおよそ500のワイナリーがある。特に中央部の気候条件はブドウ造りに適している

ワインは元来ヨーロッパの文化。ところが南米チリは、今や代表的な名産国だ。チリワインが発展した理由にはフィロキセラというブドウの木に寄生する害虫が関係している。19世紀ヨーロッパのワイン産業がこの害虫によって壊滅的な被害を受けたとき、遠く離れた南米チリのブドウの木は病害を免れたことから、優れた技術を持つ**醸造家がヨーロッパからこの地へ移住し、ワイン造りに取り組んだのだ**。幸い、この地の気候は日照量に恵まれ、ヨーロッパの地中海性気候によく似ていて、また、**アンデス山脈の冷涼な空気が作り出す昼夜の寒暖差は、ブドウ栽培に理想的**であった。この環境で生まれた「安くておいしい」ワインが世界的に人気になったのだ。

オセアニア

339日目

オーストラリア

有袋類がこんなにいるのはどうして？

オーストラリアの固有種コアラ。ユーカリの葉を一日に500グラム～1キロ近く食べる

オーストラリアというと**カンガルーやコアラなど有袋類の動物が人気**である。その種類は、じつに150を超えるほどたくさんいる。それにしても「どうして、オーストラリアにだけ、こんなにも有袋類がいるんだ？」と、不思議に思う人もいるだろう。じつは、有袋類は、もともとはオーストラリアだけではなくほかの地にもたくさんいたのだ。その証拠を示す化石は世界中から見つかっている。しかし、ほかの地では、有袋類は生存競争に負けて姿を消してしまったのだ。ところが、オーストラリアはほかの大陸から孤立していて、有袋類を食べる大型の肉食動物がいなかったのだ。そのために今のようにたくさんの有袋類が生き残ることができたのだ。

DATA 正式名称：オーストラリア連邦　首都：キャンベラ　面積：769万2,024km²　人口：約2,565万人

340日目

オーストラリア

線路は“世界一まっすぐ”続くよ、どこまでも！

大陸横断鉄道の30両編成はあたりまえ。ハイシーズンには全長1kmにも及ぶ編成になる

オーストラリア大陸は大きい。表面積769万㎢は、**ヨーロッパ全土をカバーして余りあるサイズ**だ。東のシドニーから西のパースまでは、大陸横断鉄道インディアン・パシフィックが営業運転していて、その距離は4352km。東西両サイドから週２便が運行されていて、**全行程は３泊４日の旅**になる。その道のりの中で一番長い直線コースは、なんと約480km。これは、世界でも、一番長いまっすぐな線路だ。新幹線で考えると東京駅から京都駅までずっと直線が続くようなものだ。森林、穀倉地帯、荒野、砂漠と多様に変化する自然の中、大地のど真ん中を、はるか地平線へ向けて、行けども、行けども、列車はまっすぐに走る。

341日目

オーストラリア

人気者カンガルーも食卓に上がる!?

カンガルーのステーキ。カンガルーの肉は国内消費のほか、ヨーロッパなどへも輸出される

オーストラリアの食文化は伝統的には初期に入植したイギリスやスコットランドのもの。その後、多民族・多文化国家になるにつれ多種多様な食文化が持ち込まれた。その中で**見直されているのが先住民の食文化**。彼らは、有史以前から、有袋類、爬虫類、昆虫、植物の根や実など、この大陸特有の恵みにあずかってきたのだ。今では、健康食として、先住民以外のオーストラリア人も食べるようになっていて、カンガルーやワニ、トカゲなどの肉がレストランで料理として出されたり、精肉店で販売されたりしている。ちなみに、観光客に人気のカンガルーは、ステーキにして食べると淡白でクセがなく、なかなかのもので、タタキにするのが一番おいしいのだそう。

342日目

オーストラリア

人口40万人の都市が首都になった理由

大通り、アンザックパレード。キャンベラには連邦議会や官邸などの政府機関などがある

オーストラリアで大都市といえば、やっぱりシドニーかな、と思う人が多いのでは？　人口500万人を超える同国最大の都市でシドニー湾、オペラハウス、素晴らしいビーチなど観光の目玉も充実している。あるいはメルボルン？　同じく人口500万人を超え、エコノミスト誌が住みやすさランキングで常にトップに推す商業都市だ。でも、**首都は人口約40万人のキャンベラ**。なぜだろう？　その経緯は、この国の連邦化前に遡る。その頃からシドニーとメルボルンは、ライバル争いをしていて、1901年に連邦国家になるときも首都をどこにするか互いに譲らなかった。そこで1927年、中間地にキャンベラが首都として創設されたのだ。

343日目

オーストラリア

忘れてはいけない アボリジナルピープルのこと

カカドゥ国立公園のウビアで見られるアボリジナルピープルの岩壁画。スッポンの絵か!?

ヨーロッパ人がオーストラリアに入植し始めた頃、この大地には、大昔から住んでいる先住民がいた。アボリジナルピープルだ。**独自の言語と文化を持ち、ブーメランを使った狩猟と採集の生活を営んでいた**彼らは、大陸全土で100万人以上いたともいわれている。植民地化が進むと、西洋の優れた火器の前に彼らは迫害を受け、独自の文化を奪われ、砂漠地帯へと追いやられたのだ。多くが命を落とし、1900年には、その数が7万人まで激減してしまった。ようやく**国民として認められたのが1960年代後半**になってからのこと。その後、2008年に、政府は正式に謝罪した。現在は、先住民問題相がおかれ、その権利を尊重する政策が進められている。

344日目

オーストラリア

東京23区より大きい牧場は当たり前

広大な牧場。オーストラリアでは羊毛用のメリノ種が多く飼育されている

「オーストラリアは羊の背に乗っている」という名言があるそう。実際、この国では牧畜業が盛んだ。特に、羊の飼育は世界有数で2019年の羊毛生産量約32万9000tは、中国の約34万tに次いで2位、**飼育頭数は人口約2500万人をはるかにしのぐ6500万頭超**だ。肉牛の生産量約235万tも世界で五本指に入る。牧草の生える広大な乾燥地帯があるこの大陸は放牧に適していたのだ。そのスケールも日本で考えられる規模をはるかに超えている。牧畜が盛んな内陸部や西部地域を含む、ノーザンテリトリーなど中〜西部3州・テリトリーの放牧地1戸あたりの平均は21万5200ha（2011年）で、これは、東京23区6万2760haの約3.4倍にもなる。

345日目

オーストラリア

世界で一番大きい岩はエアーズロック(ウルル)ではない

西オーストラリア州にある世界最大の一枚岩、マウントオーガスタス

世界で一番大きな一枚岩があるのはオーストラリア。というと、その岩はエアーズロックだと思う人が多いだろう。でも、じつは、違う。それは、同国西部にある「**マウントオーガスタス**」だ。どれくらい大きいかというと高さは麓から858mもあり、これは634mのスカイツリーをしのぐ。長さは約8kmもあり、これはレインボーブリッジを約10個分つないだ長さだ。そして、**底面積は東京ドーム約1000個分**の約48㎢もある。この岩が形成されたのは、**十数億年前の海底**。気の遠くなるような年月をかけて砂や石が積もってできたもので、後に地殻変動で隆起した。ちなみに、世界で2番目に大きいのが高さ348mのエアーズロック(ウルル)だ。

346日目

パプアニューギニア

人類最古の農作物はタロイモ?

NASAの宇宙船から撮影した、パプアニューギニアの西高地にあるクック初期農耕遺跡

人類がニューギニア島へ到達したのは、今から5万年くらい前のこと。そして、驚くなかれ、この島での農耕の始まりは、世界最古級に早かったことがわかっている。その証拠が残っているのが、西ハイランド州のマウントハーゲン近くにある世界遺産「クック初期農耕遺跡」。海抜1500mの高地に116haにわたって広がる湿地に眠っていた古代遺跡で、オーストラリア・フリンダース大学の発掘調査によって溝の跡や木製の農機具が出土している。今から1万年から7000年ほど前の古代の農地跡も見つかっており、これは、**人類最古の農業が発生したとされるメソポタミアと同時期**にあたる。現地の人が今も主食にするタロイモやバナナが栽培されていたそうだ。

DATA 正式名称：パプアニューギニア独立国　首都：ポートモレスビー　面積：約46万km^2　人口：約861万人

347日目

パプアニューギニア

成人男子だけが入れる「精霊の家」

パプアニューギニアのコロゴ村にある精霊の家

パプアニューギニア北部のある地域の集落では、村の中央に、高床式の立派な「精霊の家」が構えている。入口や柱にはびっしりと彫刻が施され謎めいた雰囲気だ。ここは、**成人男子だけが入れる集会所で、中には、祖先から伝わる木彫や竹笛などが安置**されている。笛は長さの違う３本が揃い、３人の長老が輪を描きながらこれを吹くと幻想的な雰囲気が漂う。笛に合わせて、若い男たちが「タジャオ」という精霊に扮することもあり、仮面と衣装を身にまとった姿で村に出没すると、子どもたちは本気で逃げ回る。着替えを見られるとタジャオの正体がバレてしまうので、成人男子以外には精霊の家の中を決して見せてはいけないことになっている。

348日目

パプアニューギニア

使われている言語がなんと860以上!

部族ごとに言語が異なるが、テレビ、ラジオ、新聞などは全て公用語の英語が使われる

パプアニューギニアでは、なんと、860以上もの言語が使われている。これは、世界の言語の3分の1に相当する数である。なぜ、そんなことになっているかというと、**パプアニューギニアは、500以上の部族がひしめき合う部族国家**で、それぞれが独自の言語を使っているためだ。各部族は、国内で共存しつつも、他の部族とほとんど交流を持たないため、固有の文化と風習を保っていて、中には新石器時代に近い生活を営んでいる部族もある。その部族が多い分だけ、言語も多くなっているのだ。これではさすがに困ってしまうため、英語を公用語として学校で教え、部族間では、英語と現地語を混ぜて簡単にした「ピジン語」を使って交流している。

349日目

ニュージーランド

公用語は英語、マオリ語、手話

世界で初めて手話を公用語にしたニュージーランドでは、子どもたちも手話を学ぶ

ニュージーランドの**公用語には、まずは、英語**がある。これは、1840年にイギリスの植民地になってから主流言語となり、現在、最も一般的な共通語である。そのほかに、先住民の言葉の**マオリ語、そして、独自のニュージーランド手話も公用語**になっている。マオリ語は、植民地となってから、もはや不要な言語とみなされた時代もあったが、1960年代からのマイノリティの復権運動の波の中で、マオリの権利が見直され、1987年にマオリ言語法が制定されて公用語として認められることになった。ニュージーランド手話は、イギリス手話にマオリの思考も組み込まれたもので、2006年に制定されたニュージーランド手話法によって公用語になった。

 DATA 正式名称：ニュージーランド　首都：ウェリントン　面積：27万534km²　人口：約504万人

350日目

ニュージーランド

代表チーム名「オールブラックス」の由来は?

オールブラックスが試合前に行うハカ。チームの団結や敵への威嚇、相手チームへの敬意も込められているという

人気を呼ぶラグビー・ニュージーランド代表の愛称は「オールブラックス」。なぜ、こう呼ばれるようになったのだろうか。1905年のこと、ラグビー発祥の地イギリスに遠征したニュージーランド代表チームは、各地で強豪と対戦し、34勝1敗という快進撃を遂げた。この戦いぶりに感動したデーリーメール紙の記者は、選手全員がバックスのように素早く正確に動いていると絶賛し、オールバックスと原稿に書いたそうだ。すると編集者が気を利かせて**黒ジャージで試合に臨んだ代表チームを「オールブラックス」と書き直した**といわれている。あるいは、植字工が「BACKS」に間違えて「L」を入れて「BLACKS」にしてしまったという説もある。

351日目

ニュージーランド

人よりも羊のほうが多い国

ニュージーランドで飼育されている羊の大半はロムニー種。食肉用に適している

ニュージーランドといえば羊。**人よりも羊のほうが多い**といわれる。試しに同国の統計サイト Stats NZ を見てみると **2018 年の人口は約 490 万人で羊の数は約 2700 万頭。噂は、やはり本当**であった。当地に初めて羊を持ち込んだのはクック船長だが、これは後世に残らず、19 世紀初めに持ち込まれた羊が産業の始まりになった。本国イギリスが産業革命で工業国となり、食肉の需要が高まり、また冷凍船が発明された 19 世紀終わり頃から、食肉用を中心に牧羊が一気に拡大した。ピークは 20 世紀に入ってからで 1980 年代初頭には 7000 万頭もの羊がいたそうだ。その後、減少を続けているが、今でも 1 人に対して 5 頭以上の羊がいる計算になる。

352日目

ニュージーランド

お金のことまでキウイという!?

国鳥のキウイ。大きくなるとニワトリくらいになる。羽が退化しているため飛べない

キウイといえば皆さんはキウイフルーツを思い浮かべるだろうか。さらにニュージーランドを連想するという人もいるだろうか。確かに**キウイフルーツは、この国の主力果実**。キウイの語源は、ニュージーランドに固有の**飛べない鳥、国鳥のキウイ鳥**に由来している。果実の形がこの鳥に似ているためだ。それだけでなく、キウイは同国の代名詞になっていて、ニュージーランド人そのものを指したり、ニュージーランド・ドルのことを表したりする。なぜそうなったのか、一説には、軍隊の徽章で取り上げられ、第一次・第二次世界大戦を通してニュージーランド兵がイギリス兵などからキウイと呼ばれるようになったことが始まりともいわれている。

353日目

ニューカレドニア

神様からの贈り物!? マングローブ林に“ハート”

フランスの写真家が撮影したことで、世界的に有名になった

緑の中、くっきり浮かび上がる“ハート”。これは、人の手によるものではない。これはマングローブ林の中に自然が造り出した造形物である。場所はニューカレドニア、グランドテール島の西海岸、ヴォーの近くだ。マングローブは、潮の満ち引きで海水と淡水が混ざり合う海辺に育つ植物である。普通、植物は塩水に浸かると枯れてしまうが、この植物は体内に塩水を利用する特別な仕組みを持っていて、海水が洗うこうした場所でも育つことができるのだ。ハート型の地面は、**周りより少しだけ高くなっていて海水が乾き塩分濃度が高いため、マングローブが枯れて、こうした形が浮かび上がる**。自然が織りなす微妙なバランスの上に成り立っているのだ。

354日目

バヌアツ

バンジージャンプの原型は恐ろしすぎる成人式

成人への通過儀礼、ナゴールの儀式。村人たちは1カ月以上をかけて櫓を作る

オーストラリア東の太平洋上にある83の島々からなる島国バヌアツ共和国。その島の一つ、ペンテコスト島で行われる儀式ナゴールは、恐ろしすぎる成人式として知られている。なんと、この日、成人を迎える男たちは、高さ30メートルほどに**組んだ櫓の上から、足首にヤムイモの蔓を巻きつけて、飛び降りなければならない**のだ。全員が飛び降りに成功すると、その年のヤムイモは豊作が約束されるが男たちに身の保証はない。蔓は各自が選ぶことができるとはいえ長すぎたり、切れたりして、地面に激突して死傷者が出ることすらあるのだ。これがバンジージャンプの原型になったといわれているが、本家の恐ろしさは、その比ではないのである。

DATA 正式名称：バヌアツ共和国　首都：ポートビラ　面積：1万2,190km²　人口：約29.3万人

355日目

オセアニア

フィジー

「ケレケレ」は究極のシェアリングエコノミー?

幸福度世界第1位。ケレケレの精神が根づくフィジー人は大人も子どもも陽気で大らか

スーパーのレジで並んでいると会計中の見ず知らずの前の人が足りない分をせがんでくる……!? はたまた、バーで飲んでいると自分のビールを赤の他人が勝手にその人のグラスに注いでしまう……!? フィジーでは、そんな光景が当たり前に見られる。この習慣、現地の言葉で「ケレケレ」というもの。意味は**「ちょうだい」「貸して」「お願い」といった感じ**。フィジー人たちは、シェアリングエコノミーよろしく、**ケレケレを合言葉に互いに物を分け合って共有し、助け合っている**のだ。そうと知らない日本人は面食らうばかりである。だが安心してほしい、試しに、相手のビールを自分のグラスに勝手に注いでみよう。むしろ、歓迎されるはずである。

DATA 正式名称:フィジー共和国　首都:スバ　面積:1万8,270km²　人口:約89万人

トンガ

日本の冬至に目をつけて“カボチャ”で大成功

近所のスーパーや八百屋さんで、トンガ産かぼちゃを見ることができるかもしれない

日本では、「冬至にカボチャを食べると健康になる」などといわれる。だが、カボチャは夏野菜、冬になると入手は困難である。ここに目をつけて、かつて、日本市場でひと山あてた国があった。それがトンガだ。**南半球に位置するこの国は日本と季節が逆である**。この地理的な特徴を活かして日本の冬期にカボチャを生産・輸出することを思いついたのだ。戦略は見事にはまり、1980年代には年間4万トンを超えるまでに輸出量が高まり、財をなした生産者の「カボチャ御殿」がトンガ国内各地で見られた。しかし、2000年代に入ると、同じオセアニアにニュージーランドのようなライバルが現れたことなどにより、かつての勢いは失われることとなる。

オセアニア

DATA 正式名称：トンガ王国　首都：ヌクアロファ　面積：720km²　人口：約10.3万人

357日目

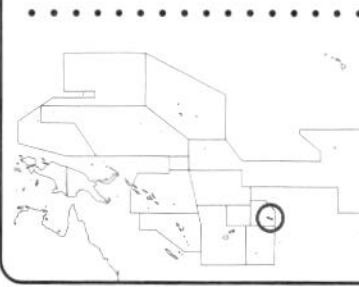

サモア

世界一太っているのは遺伝子のせい?

村の男性と女性の首長が集まり、話し合いをしている様子。大きな方が多い

©Abril Esquivel

南太平洋の島国、サモアの人たちは、肥満の有病率が世界で最も高く、2010年には、**サモア人男性の80%、サモア人女性の91%が過体重または肥満**だということが判明している。こうした状況を受けて、2013年には、サモアの航空会社が世界初の"体重別運賃"を導入し、世界から注目を集めた。とある研究によると、サモア人はエネルギー消費を減らしつつ、脂肪貯蔵を増やす、つまり、倹約をもたらすような遺伝子の変種を高い頻度で持っていることが突き止められている。過去の食料不足の時代に、サモア人を助けたこの遺伝子が、現代の食生活の変化と運動不足のせいで、今度は、健康を脅かしているのではないかと考えられているのだ。

 DATA 正式名称:サモア独立国　首都:アピア　面積:2,830km²　人口:約20万人

358日目

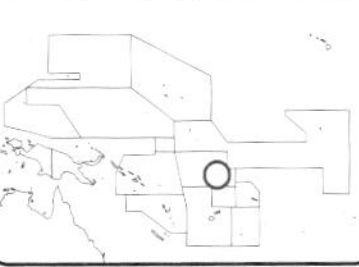

ツバル

このままでは太平洋の海に沈んでしまう?

フナフティ島の浸水被害。ツバルは自給自足の生活のため、食べ物がなくなる心配もある

ツバルは太平洋の中部に浮かぶ９つのサンゴ礁の島からなる小さな国だ。**最高海抜はわずか5m、人々が住む場所は１～２mほどしかなく**、地球温暖化で**海面が上昇すると真っ先に水没する**と心配されている。近年、侵食された海岸が世界で報じられ、国連の気候変動枠組条約の締約国会議でも注目を集めたが、その後の調査で、近年の侵食は、米軍の埋立地だった場所での浸水や白い砂浜を作る有孔虫が減ったことなどが一因で、温暖化だけのせいではないことがわかってきた。とはいえ、このまま海面上昇が続けば、いずれ島民の生活が脅かされることに違いはないので、世界は引き続き、協力して温室効果ガスの削減に取り組まなければならない。

オセアニア

DATA 正式名称：ツバル　首都：フナフティ　面積：25.9km²　人口：約1万1,000人

359日目

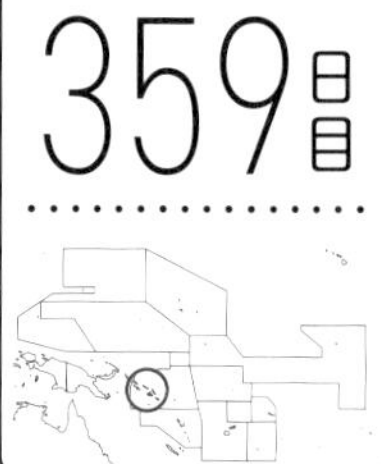

ソロモン諸島

太平洋戦争の激戦地

飛行機の残骸。日本軍と連合軍が繰り広げた激戦の痕跡は今も島に残る

今の日本で、ガダルカナル島が太平洋戦争の激戦地になった島ということがわかる人は、いったいどれくらいの割合だろうか。その**ガダルカナル島が属するのがソロモン諸島**である。太平洋南西部に散らばる大小100あまりの島々からなる島国だ。1900年から英国領となっていた諸島を大戦時の1942年に日本軍が占領し、**首都ホニアラのあるガダルカナル島を中心に激戦地**となった。日本軍は2万1千人もの死者を出したが、実際の戦闘で亡くなったのは5000～6000人で、残りは病死や餓死であったという。激しい戦闘には後のJ・F・ケネディ大統領も参加し、ここでの活躍で勲章も受賞していることからケネディ島と名づけられた島もある。

DATA 正式名称：ソロモン諸島　首都：ホニアラ　面積：2万8,900km²　人口：約65万人

360日目

ナウル

「肥満度世界一」の楽園の行く末は?

漁業と農業の国だったナウルに富をもたらした、リン鉱石の積み出し施設

働かずに愉快に生きていけたら……、そんな夢が本当になったのが、この小さな島国。それを可能にしたのは**豊富なリン鉱石。鳥の糞が化石になったもので化学肥料の原料**になるため、農業の近代化に伴い、この輸出で巨万の富を手にしたのだ。おかげで税金は無料、年金も十分、鉱山会社から土地使用料を得て、ほとんどの人が働かずに贅沢な暮らしを送り、WHOの統計で肥満度世界一という座を2016年現在でも保持しているという不名誉な結果に。しかし、夢は、いつかは覚めるもの。2003年までにリン鉱石はほとんど枯渇、人々は働くことを忘れ、国家財政も窮乏してしまった。現在では各国の支援を頼みにし、身を立てる道はいまだ見つかっていないようだ。

DATA 正式名称：ナウル共和国　首都：ヤレン　面積：21.1km²　人口：約1.3万人

361日目

キリバス

「1日が世界で最初に始まる国」の座を奪取

キリバスで一番大きなサンゴ礁の島、クリスマス島。ラグーンでのダイビングが人気

1日が世界で最初に始まる国は、かつてはフィジー共和国だった。その座を20数年前に奪取したのがキリバス共和国。どうしてそんなことになったのだろうか？ キリバスは東経180度の子午線をまたいで散らばる33の島からなる国。かつて日付変更線は、この子午線上に引かれていたため、国内の西と東で日付が違う不都合が生じていた。これを是正すべく、**政府が日付変更線を東へ移動**したのだ。これを禁じる国際協定は、じつはないのである。それが1995年のことだ。このタイミングが世紀末だったことから、話題作りに21世紀一番乗りを狙ったのでは？ と見る人もいる。それを裏づけるように、一番乗りの島は「ミレニアム島」と改名されている。

 DATA 正式名称：キリバス共和国　首都：タラワ　面積：730km²　人口：約11.6万人

362日目

マーシャル諸島

アメリカの核実験場となったビキニ環礁

放射能は短期間の滞在では問題ないレベルになり、現在はダイビングのスポットへ。写真は、マーシャル諸島のテーブル珊瑚

1954年、太平洋の真珠とも例えられる美しいサンゴの海を核爆発の閃光が引き裂いた。**ビキニ環礁で、アメリカが行った水爆実験**である。広島投下型原爆の1000倍の威力で、放射能を含む死の灰を周辺の島民にばら撒き、**日本のマグロ漁船「第五福竜丸」も被曝**した。このビキニ環礁島が属するのがマーシャル諸島である。アメリカは、統治下においていたこの地域で1946年から約12年間、計67回も核実験を行った。被曝者総数は数万単位といわれ、ビキニ環礁には依然として放射能が残っているため、強制移住させられた島民はいまだに戻ることができずにいる。諸島は1986年に、防衛と安全保障をアメリカに委ねる自由連合国として独立した。

DATA 正式名称：マーシャル諸島共和国　首都：マジュロ　面積：180km²　人口：5万8,413人

363日目

ミクロネシア

本当にあった!
巨大な石のお金

ヤップ島にある石貨。文化の象徴としてナンバープレートや州旗にデザインされている

原始時代の生活を描いたアニメの中で、石のお金が登場するシーンをご存じだろうか。その**リアル版の「石貨」がミクロネシアのヤップ島に実在していて、今でも、生活の一部で使われているのだ。**石貨は現地の言葉で「フェ」といい、円形で真ん中に棒を通す穴が開き、見た目は例のアニメさながらだ。大きさは大抵60cmから1mくらいで、小さいもので約20cm、大きいものでは3mを超えるものもある。1931年まで製造され、その材料を入手するため、島民は500kmも離れたパラオまで航海し、昔は貝斧と火を使って石灰石を切り出していたそうだ。その大きさや形や色、入手の困難さなどで価値が決まり、冠婚葬祭や集会所の落成式などに今でも使われている。

 DATA 正式名称：ミクロネシア連邦　首都：パリキール　面積：700km²　人口：約11万2,640人

364日目

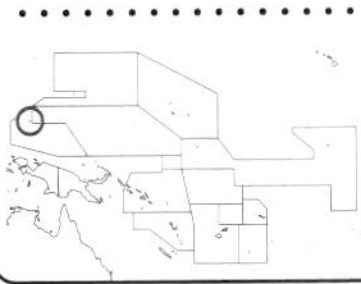

パラオ

日常会話に登場する日本語が物語る島の歴史

激戦の島、ペリリュー島の海軍航空隊司令部の跡。戦没者墓苑もある

ミクロネシアの西端に浮かぶ約200の島々からなるパラオ。ここでは日常会話に**トモダチ、ベントー、ダイジョーブなど多くの日本語が登場**する。それは、この諸島が第一次世界大戦のあと、1920年から日本の委任統治領となり、日本の南洋庁がおかれ、軍事拠点として整備された歴史があるからだ。現地住民に広めた日本化教育の名残りで、現地語に溶け込んだ日本語は多く、センキョ、コーホシャ、ハンケツなどから、サルマタ、チチバンドなど思わず笑ってしまうものまでが今でも使われているのだ。日本の統治は、太平洋戦争の敗戦に伴い終わりを迎えた。日本軍守備隊が玉砕したペリリュー島の激戦も、また、この諸島の歴史に残されていることである。

DATA 正式名称：パラオ共和国　首都：マルキョク　面積：488km²　人口：1万7,907人

365日目

ハワイ（アメリカ）

日系人がアロハシャツを作ったいきさつ

楽園ハワイの象徴、アロハシャツ。男性の正装でもあり、冠婚葬祭にも着用する

アロハシャツの誕生は20世紀の初頭。ハワイの日系人たちが**日本から持って行った古い着物を日系や中国系の仕立て屋が仕立て直した**のが始まりだ。そのデザインは、プランテーション農場で働いていた移民労働者が着ていたバカラという開襟シャツを真似たものである。ハワイでは19世紀後半からプランテーション農場の経営が盛んになり、その労働力を調達するため中国、日本、フィリピンなどから移民労働者がたくさん渡っていた。1930年代にアロハシャツの名で商標登録され、太平洋戦争終了後に帰還兵たちがアメリカ本土に持ち帰り、その後、大量観光旅行の時代の始まりとともに、ハワイのお土産として人気を博すようになったのだ。

主な参考文献

『地図で見るドイツハンドブック」(原書房)、『池上彰の世界の見方 ドイツとEU 理想と現実のギャップ』(小学館)、『国マニア』(筑摩書房)、『ビジュアル世界切手国名事典』(日本郵趣出版)、『早わかり 世界の国ぐに』(平凡社)、『これだけは知っておきたい 食べものの大常識』(ポプラ社)、『ポプラディア情報館 世界の料理』(ポプラ社)、『シリーズ・現代の世界経済 第8巻 現代アフリカ経済論』(ミネルヴァ書房)、『週刊東洋経済 2020.9.19』(東洋経済新報社)、『朝日新聞(2018年9月4日朝刊)』(朝日新聞社)、『ウナギの保全生態学』(共立出版)、『ウナギの博物誌』(化学同人)、『世界地名大事典9 中南アメリカ』(朝倉書店)、『コンサイス外国地名事典』(三省堂)、『森が泣いている』(少年写真新聞社)、『かけがえのない地球 366日空の旅』(ピエ・ブックス)、『太平洋諸島の歴史を知るための60章』(明石書店)、『エピソードで読む 世界の国243』(山川出版社)、『基本外来語辞典』(東京堂出版)、『なるほど世界地図』(ベレ出版)、『環境ノンフィクション 北極と南極の「へえ〜」くらべてわかる地球のこと』(学研プラス)、『なるほど世界地名事典⑥』(大月書店)、「世界すご!ペディア 197の国+46の地域を楽しく知る事典」(山川出版社)、『NHKスペシャル 人類誕生』(学研プラス)、『学び直すと地理はおもしろい』(ベレ出版)、『世界地誌シリーズII ヨーロッパ』(朝倉書店)、『世界でいちばん幸せな国フィジーの 世界でいちばん非常識な幸福論』(いろは出版)、『メルセデス・ベンツの思想』(講談社)、『地理の話大全』(青春出版社)、『お菓子の由来物語』(幻冬舎ルネッサンス)、『ウラから読むとおもしろい世界地図』(青春出版社)、『世界地図の楽しい読み方』(河出書房新社)、『地球の歩き方 2017〜18 オランダ・ベルギー・ルクセンブルク』(ダイヤモンド・ビッグ社)、『よくわかるEU政治』(ミネルヴァ書房)、『ベルギーを知るための52章』(明石書店)、『世界地図と不思議の発見』(河出書房新社)、『マーケットをめぐるおいしい旅 ベルギーへ』(イカロス出版)、『オランダを知るための60章』(明石書店)、『図解雑学 あなたの知らない世界地図』(ナツメ社)、『パリの仕組み』(日本経済新聞社)、『フランス文化55のキーワード』(ミネルヴァ書房)、『地球の歩き方 フランス 2018〜2019年版』(ダイヤモンド・ビッグ社)、『世界のハイスピードトレイン』(JTBパブリッシング)、『料理でわかるヨーロッパ各国気質』(実務教育出版)、『パリ・フランスを知るための44章』(明石書店)、『イギリスを知るための65章』(明石書店)、『英国 旅のヒント・コラム178』(メディアファクトリー)、『イギリス暮らし入門』(大修館書店)、『イギリス文化を学ぶ人のために』(世界思想社)、『英国らしさを知る事典』(東京堂出版)、『アイルランドを知るための70章』(明石書店)、『アイルランドの歴史』(河出書房新社)、『イギリス史研究入門』(山川出版社)、『新装版 大英帝国衰亡史』(PHP研究所)、『ヨーロッパ読本 イギリス』(河出書房新社)、『イタリア人のまっかなホント』(マクミラン ランゲージハウス)、『パスタでたどるイタリア史』(岩波書店)、『スローフードな人生! —イタリアの食卓から始まる』(新潮社)、『ナポリタン!』(扶桑社)、『歴史を旅する イタリアの世界遺産』(山川出版社)、『イタリア文化 55のキーワード』(ミネルヴァ書房)、『はじめて学ぶイタリアの歴史と文化』(ミネルヴァ書房)、『イタリア・モード小史』(知泉書館)、『世界でいちばん素敵なワインの教室』(三才ブックス)、『現代スペインを知るための60章』(明石書店)、『ポルトガルを知るための55章』(明石書店)、『世界の気象現象』(河出書房新社)、『世界のランニングレース500』(イカロス出版)、『アルジェリアを知るための62章』(明石書店)、『チュニジアを知るための60章』(明石書店)、『リビアを知るための60章』(明石書店)、『1冊でわかる!アフリカ経済』(PHP研究所)、『チョコレート 甘美な宝石の光と影』(河出書房新社)、『こどもSDGs なぜSDGsが必要なのかがわかる本』(カンゼン)、『チョコレート製造技術のすべて』(幸書房)、『1冊でわかる!アフリカ経済』(PHP研究所)、『ガーナを知るための47章』(明石書店)、『ニュートン 1997年11月号』(ニュートンプレス)、『エチオピアを知るための50章』(明石書店)、『タンザニアを知るための60章』(明石書店)、『ナミビアを知るための53章』(明石書店)、『南アフリカを知るための60章』(明石書店)、『アイスランド・グリーンランド・北極を知るための65章』(明石書店)、『トーテムポールの世界』(彩流社)、『現代カナダを知るための57章』(明石書店)、『ARCレポート カナダ 2020/21年版』(ARC国別情勢研究会)、『カナダの謎』(日経ナショナル ジオグラフィック社)、『ホッキョクグマ——生態と行動の完全ガイド』(東京大学出版会)、『ホッキョクグマ 北極の象徴の文化史』(白水社)、『地球の歩き方 カナダ 2019〜2020年版』(ダイヤモンド・ビッグ社)、『オーロラ ウォッチング ガイド』(JTBパブリッシング)、『カナダの歴史を知るための50章』(明石書店)、『教養としての「国名の正体」』(柏書房)、『地図で見る アメリカハンドブック』(原書房)、『アメリカ文化事典』(丸善出版)、『ARCレポート(米国)2020.6』(ARC国別情報研究会)、『アメリカを知る事典』(平凡社)、『超大国アメリカ100年史』(明石書店)、『「世界の警察官」をやめたアメリカ』(ウェッジ)、『世界を揺るがすトランプイズム』(ホーム社)、『戦後アメリカ外交史』(有斐閣アルマ)、『アメリカ多文化社会論—「多からなる一」の系譜と現在』(法律文化社)、『アメリカ文化事典』(丸善出版)、『企業が「帝国化」する アップル、マクドナルド、エクソン〜新しい統治者たちの素顔』(アスキー)、『アメリカを知る事典』(平凡社)、『アメリカ地名語源辞典』(東京堂出版)、『アメリカ合衆国要覧』(東京書籍)、『世界の経済が一目でわかる地図帳』(三笠書房)、『世界のジャポニカ米市場と日本産米の競争力』(農林統計出版)、『生きた地球をめぐる』(岩波書店)、『日本人が意外と知らない「アメリカ50州」の秘密』(PHP研究所)、『現代メキシコを知るための70章』(明石書店)、『グアテマラを知るための67章』(明石書店)、『エルサルバドルを知るための55章』(明石書店)、『ホンジュラスを知るための60章』(明石書店)、『コスタリカを知るための60章』(明石書店)、『世界地図の謎』(廣済堂出版)、『医師たちが見たキューバ医療の今』(かもがわ出版)、『世界がキューバ医療を手本にするわけ』(築地書館)、『まるごと ジャマイカ体感ガイド』(スペースシャワーネットワーク)、『ドミニカ共和国を知るための60章』(明石書店)、『コロンビアを知るための60章』(明石書店)、『エクアドルを知るための60章』(明石書店)、『ペルーを知るための60章』(明石書店)、『ボリビアを知るための68章』(明石書店)、『パラグアイを知るための50章』(明石書店)、『贅沢時間シリーズ 珈琲事典』(学研パブリッシング)、『ブラジル・カルチャー図鑑 ファッションから食文化までをめぐる旅』(スペースシャワーブック)、『地図で見るブラジルハンドブック』(原書房)、『一冊でわかる すべて見える世界遺産』(成美堂出版)、『踊る!ブラジル』(小学館)『ビバ!ウルグアイ』(STEP)、『アルゼンチンを知るための54章』(明石書店)、『異文化理解とオーストラリアの多文化主義』(大学教育出版)、『世界の地理 第6巻 アフリカ・オセアニアの国々』(学研プラス)、『地理的オーストラリア論』(古今書院)、『いちばん!の図鑑』(学研教育出版)、『パプアニューギニア—日本人が見た南太平洋の宝島』(共栄書房)、『パプアニューギニア—地球の揺りかごを巡る旅』(ダイヤモンド社)、『ニュージーランドTODAY』(ニュージーランド学会/春風社)、『ニュージーランドを知るための63章』(明石書店)、『ミクロネシアを知るための60章』(明石書店)、『ハワイを知るための60章』(明石書店)、『日本人が意外と知らないアジア45カ国の国民性』(PHP研究所)、『日本人が知らないヨーロッパ46カ国の国民性』(PHP研究所)、『世界ふしぎ発見!大人の謎解き雑学』(KADOKAWA)、『目からウロコのヨーロッパ史』(PHP研究所)、『なぜ中国人は財布を持たないのか』(日経BP)、『一気にわかる!池上彰の世界情勢2018』(毎日新聞出版)、『世界の国名地名うんちく大全』(平凡社)、『大相撲の経済学』(筑摩書房)、『瞑想と霊性のミャンマー』(光祥社)、『みんなが知りたい!「世紀の大発見」がわかる本』(メイツ出版)、『ネパール ネパール語+日本語英語(絵を見て話せるタビトモ会話 アジア)』(JTBパブリッシング)、「最新・誰にでもわかる中東』(時事通信社)、『図解 いちばんやさしい地政学の本』(彩図社)、『学校では教えてくれない世界の政治』(SBクリエイティブ)、『新版 インドを知る事典』(東京堂出版)、『世界の文化と衣食住 アジア』(小峰書店)、『Q&Aで知る中東・イスラーム 5』(偕成社)、『みんなが知りたい!「世界のふしぎ」がわかる本』(メイツ出版)、『2018▸2019 エピソードで読む世界の国243』(山川出版社)、『地理×文化×雑学で今が見える『世界の国々』』(朝日新聞出版)、『世界の古代遺跡』(学研プラス)、『消滅遺産 もう見られない世界の偉大な建造物』(日経ナショナルジオグラフィック社)「世界がわかる地理学入門——気候・地形・動植物と人間生活』(筑摩書房)、『雑学の世界地図100連発!不思議な風景と謎の旅・篇」(河出書房新社)、『魅惑の世界遺産100選—人類の宝を訪ねてみたい』(秀和システム)、『クルド人とクルディスタン—拒絶される民族」(南方新社)『カラー新版 地名の世界地図』(文藝春秋)、『世界標準の戦争と平和——初心者のための国際安全保障入門』(扶桑社)、『ビジュアル版 世界遺産 必ず知っておきたい150選』(メイツ出版)、『「民族」で読み解く世界史』(日本実業出版社)、『世界トンデモ常識』(彩図社)、『ウクライナ人だから気づいた日本の危機』(扶桑社)、『物語 スイスの歴史—知恵ある孤高の小国』(中央公論新社)、『AI新時代 富士通エバンジェリストが見据える未来ビジョン』(FOM出版)、『世界で一番おもしろい地図帳』(青春出版社)、『世界で一番気になる地図帳』(青春出版社)、『世界で一番ふしぎな地図帳」(青春出版社)、『リアルな今がわかる 日本と世界の地理』(朝日新聞出版)、『伝える力 2 もっと役立つ!「話す」「書く」「聞く」技術』(PHP研究所)、『現代韓国を知るための60章【第2版】』(明石書店)、「現代モンゴルを知るための50章』(明石書店)、『現代中国を知るための52章【第6版】』(明石書店)、『香港を知るための60章』(明石書店)、『台湾を知るための60章』(明石書店)、『カンボジアを知るための62章【第2版】』(明石書店)、『ラオスを知るための60章』(明石書店)、『現代インドネシアを知るための60章』(明石書店)、『現代インドを知るための60章』(明石書店)、『パキスタンを知るための60章」(明石書店)、『サウジアラビアを知るための63章【第2版】』(明石書店)、『イスラエルを知るための62章【第2版】』(明石書店)、『トルコを知るための53章』(明石書店)、『コーカサスを知るための60章』(明石書店)、『現代ロシアを知るための60章【第2版】』(明石書店)、『スイスを知るための60章』(明石書店)

※ページ下に掲載した国・地域の「DATA」は、日本国外務省ホームページ(2021年3月現在)に拠る。

監修
井田 仁康（いだ・よしやす）
筑波大学人間系教授
1958年東京都生まれ。筑波大学第一学群自然学類卒。博士（理学）。社会科教育・地理教育の研究を行っているほか、国際地理オリンピックにもたずさわっている。著書に『高校社会「地理総合」の授業を創る』（明治図書出版）など多数、監修に『リアルな今がわかる 日本と世界の地理』（朝日新聞出版）『もっと調べる 世界と日本のつながり（全5巻）』（岩崎書店）など。

編集	ナイスク http://naisg.com 松尾里央 岸 正章 須田優奈 福田実央 中込綾乃 染谷智美 山川稚子
デザイン	cycledesign
文	飯田真由美 伊大知崇之
校閲	高梨恵一
写真	アマナイメージズ PIXTA photolibrary Shutterstock
イラスト	渋沢恵美 酒井由香里 竹永絵里
地図	サティスフィールド 佐々木志帆（ナイスク）

1日1ページ、365日で世界一周

監 修	井田仁康（いだよしやす）
発行者	深見公子
発行所	成美堂出版 〒162-8445 東京都新宿区新小川町1-7 電話(03)5206-8151 FAX(03)5206-8159
印 刷	共同印刷株式会社

ISBN978-4-415-32948-2
落丁·乱丁などの不良本はお取り替えします
定価はカバーに表示してあります